기적의 관음경

"KANNONKYO - KISEKI NO KYOTEN" Sachiya Hiro
Copyright (c) 1982 Sachiya Hiro
All rights reserved.
Original Japanese edition published by Daizo Shuppan Co., Ltd., Tokyo.

This Korean edition published by arrangement with Daizo Shuppan Co., Ltd.,
Tokyo in care of Tuttle-Mori Agency, Inc., Tokyo through BC Agency, Seoul.

이 책의 한국어판 저작권은 BC 에이전시를 통한 저작권자와의
독점 계약으로 대숲바람에 있습니다. 저작권법에 의해 한국 내에서 보호를 받는
저작물이므로 무단전재와 복제를 금합니다.

기적의 관음경

히로사치야 지음
이미령 옮김

대숲람
바람

| 저자 서문 |

칭명 그 자체가 가장 커다란 이익

　불교에는 대체 경전이 몇 개나 있습니까?
　종종 이런 질문을 받곤 하는데 무엇을 독립된 경전으로 보는가에 따라서 대답은 달라집니다. 그렇지만 대충 약 3천 개 정도가 아닐까요?
　그런데 3천 개나 되는 경전의 대부분은 그 이름조차도 사람들에게 알려져 있지 않습니다. 일반적으로 널리 알려진 경전이라면, 3천 개 중에 1퍼센트인 30개 정도가 아닐까요? 그리고 누구나 알고 있는 경전은 그 30개 중에 절반도 되지 않을 것입니다.
　이 가운데 사람들에게 가장 널리 알려졌고 친근한 경전은 아마

《반야심경》과《관음경》일 것입니다. 사실《반야심경》과《관음경》은 둘 다 관세음보살의 경전입니다. 자세한 내용은 본문에서 소개하겠지만, 관세음보살을 주제로 한 경전이 사람들 사이에 익숙하다는 것에는 뭔가 특별한 이유가 있습니다.

《반야심경》과《관음경》은 그런 의미에서 커다란 공통점이 있지만 이 두 경은 상당히 대조적인 경전이기도 합니다. 아시다시피《반야심경》은 심원한 불교의 이치를 전개한 철학적인 경전입니다. 이에 비해서《관음경》은 '현세 이익現世利益'을 설명한 상당히 저급한 경전이라고 생각하고 있습니다.

사실,《관음경》이라고 하는 독립 경전은 존재하지 않습니다. 앞서 경의 숫자는 그 헤아리는 방법에 따라서 다르다고 했지만《관음경》을 하나의 독립 경전으로 볼 것인가에 대해서는 상당히 의견이 엇갈리고 있습니다.

아시는 독자들도 많겠지만,《관음경》은 저 유명한《법화경》, 정확하게는《묘법연화경》의 한 부분입니다.《묘법연화경》제25품(제25장)인 〈관세음보살보문품〉을 독립시킨 것이 이른바《관음경》입니다. 석가모니 부처님이 관세음보살의 이름의 유래를 설명하고 관세음보살이 우리들 중생을 온갖 고난에서 구제해주며, 또한 중생 구제의 방편으로 33개의 변화신變化身을 취하는 것을 설명해놓은 경전이 이《관음경》입니다. 그런 의미에서 《관음경》은 '현세 이익'을 설한 대승경전입니다.

정직하게 말씀드리자면 처음에 저는 '현세 이익'이라는 것을 다소 미심쩍게 생각하고 있었습니다. '현세 이익'에는 두 가지 의미가 있다고 봅니다. '즉효성'과 '즉물성'이라고 해야 할까요? '즉물성'이란 병이 나았다거나 장수할 수 있게 되었다거나 왕창 돈을 땄다거나 하는 그런 즉물적인 이익을 얻는 것입니다. '즉효성'이란 딱 한 번 약을 먹었는데 그 효과가 즉시 나타나는 것을 의미합니다.

저는 불교를 가장 정신적인 것이라고 생각하고 있었습니다. 불교가 불교다운 이유는 고상하고 심원한 인생의 문제들을 해결해주기 때문이라고 믿어왔습니다. 제가 그만큼 젊었기 때문일 것입니다.

'즉물적인 이익', 다시 말해서 병의 치료, 무병장수, 금전 등에 관해서는 본문 속에서 '기적'의 문제로 다룰 것입니다. 그러므로 이에 관해서는 본문으로 넘기고, 서론에서는 '즉효적인 이익'

에 대해서만 한 말씀 드리려고 합니다. 저는 지금까지는 그런 '즉효적인 이익'에 대해서 아무런 의심을 품어본 적이 없습니다.

즉, '나무관세음보살'이라고 우리가 관세음보살의 이름을 부르면 홀연히 관세음보살은 우리에게 구제의 손길을 내밀어주십니다. 칭명稱名의 효과는 한 순간에 나타납니다.

옛날에는 '그거 순 속임수 아냐?'라며 그런 즉효적이고 즉물적인 이익을 업신여겼습니다. 실은 빈정댄 제가 틀린 것이었지만 젊었던 시절의 저는 그것을 알아차리지 못했던 것입니다.

칭명 그 자체가 '현세 이익'이라는 점에 생각이 미치지 못했던 것이 제 실수입니다. '나무관세음보살'이라고 칭명하고, 그 칭명에서 얻는 이익을 별개의 장소에서 구하고 있었습니다.

하지만 그것은 틀렸습니다.

칭명 그 자체가 가장 커다란 이익이었습니다.

예를 들어, 다른 사람에게 심한 모욕을 당했을 때 대부분의 사람들은 '이런 짐승만도 못한 녀석!'이라든가, '저놈, 죽여버리고 싶다!'라고 생각하거나 그런 말을 내뱉습니다. 그럼에도 불구하고 그때 조용하게 칭명할 수 있다면 그 사람은 이미 구제받은 것입니다. 칭명 그 자체가 그 사람에게 구제의 증거입니다. 칭명으로 달리 무엇인가를 얻는 것이 아니라(달리 이익이 있을지도 모르겠지만) 칭명할 수 있었던 그 자체가 바로 '현세 이익'입니다. 저는 지금 그렇게 생각합니다. 저는 그렇게 생각하고서 이 책을 썼습니다. 그리고 그와 같이 생각한다면 '현세 이익'을 설한 《관음경》은 결코 저급한 경전이 아닙니다. 아니, 오히려 '우리들의 일상생활에서 더한층 읽혀도 좋을 가장 중요한 경전'이라고 생각합니다.

이 책을 쓰라고 권하신 분은 다이조〔大藏〕 출판사의 다케모토 타케노리〔武本武憲〕 편집장입니다. 그분은 제 대학시절부터 우정을 나눈 사람입니다. 또한 원고가 만들어진 뒤에는 동사同社의 구와모로 가즈우키〔桑室一之〕 씨에게 커다란 도움을 받았습니다. 이에 감사의 말씀을 올립니다. 합장.

1982년 10월 6일

히로 사치야

| 차 례 |

저자 서문 _ 칭명 그 자체가 가장 커다란 이익 · 5

서장 _ 불교에서 기적이란 무엇일까
기적의 경전 · 13 | 무엇이 기적인가? · 15 | 병은 '마음의 병' · 16
효과 없는 약 · 18 | 암과의 싸움 · 21 | 병과 인생 · 24 | 큰 부자가 되고 싶다 · 26
기적을 거부하는 정신 · 30

제1장 _ 그때 당신은…
《관음경》은 《법화경》의 일부 · 35 | '여시아문'과 '이시' · 37
'그때…' · 39 | 보살이란 무엇인가? · 41 | '선남자여…' · 45 | 관세음과 관자재 · 47
소리를 본다 · 50 | 울지 마 · 51 | 엄마와 아기 · 53

제2장 _ 일곱 가지 재난
소리가 아닌 음성 · 58 | 일곱이라는 숫자 · 60 | 불이 상징하는 것 · 62
화재 현장의 괴력 · 65 | 물에 빠지면 체념해라 · 67 | 염불하면서 맞아라 · 70
한 사람에 의해서 만인이… · 73 | 니치렌 스님의 기적 · 76 | 귀신의 재난 · 78
유죄도 무죄도… · 81 | 원수의 재난 · 84

제3장 _ 내 마음속의 삼독
내 마음속의 부처와 귀신 · 89 | 탐욕 · 91 | 춘화와 칭명 · 93 | 일곱 명의 무사 이야기 · 95
있는 그대로 본다 · 97 | 언제나 마음으로 생각해야 한다 · 100

제4장 _ 성性을 뛰어넘은 존재

남자일까 여자일까 · 103 | 경전 읽는 법 · 106 | 관세음보살의 콧수염 · 108
지상의 삼각관계 · 110 | 정토는 남성 세계 · 112 | 연기 사상 · 115

제5장 _ 공덕이 없는 공덕

관음신앙의 공덕 · 119 | 갠지스강의 모래만큼 많은 보살 · 121 | 달마와 무제 · 123
무공덕의 공덕 · 126 | 관세음보살의 주소는 어디일까 · 128

제6장 _ 한없는 모습을 취하는 관세음보살

현대인은 일 중독증 환자 · 132 | 루소의 《에밀》 · 134 | '노닐다'라는 뜻 · 136
사바는 인토이다 · 139 | 관세음보살의 변신 · 141 | 33변화신 · 144
관세음보살은 시무외자 · 157 | 6관음, 7관음 · 160

제7장 _ 청정한 보시

진주 목걸이 · 165 | 재시일까 법시일까 · 167 | 중생을 불쌍히 여기는 까닭에 · 169
삼륜청정의 보시 · 171 | 관세음보살을 통해서 부처님에게로 · 174

제8장 _ 시詩로 응답하다

세존게 · 182

마지막장 _ 정말로 기적이란 무엇일까

관세음보살의 영험담 · 215 | 고정된 이미지 · 216 | 나의 기적 · 219

묘법연화경 관세음보살보문품 제25 · 223
역자 후기 _ 기적의 함정에 빠지지 않은 재치 있는 해설 · 233

서장

불교에서 기적이란 무엇일까

기적의 경전

《관음경》은 기적의 경전이다.

이렇게 대뜸 단정을 내리면서 글을 시작하는 것은 그리 좋은 방법은 아닌 것 같다. 왜냐하면 《관음경》은 대중적이기는 하지만 다소 차원이 낮은 경전으로 여겨왔기 때문이다. 차원이 낮다는 것은 대중성을 가지고 있다는 뜻과 다르지 않으므로 《관음경》은 차원이 낮기 때문에 대중적인 경전이 되었다고 말해야 할지도 모르겠다.

어쨌거나 《관음경》은 아주 심원한 철학·사상을 말하지 않고, 서민적·일상적인 이익을 구하는 신앙을 설한 경전으로 여겨왔다. 중생이 일심으로 관세음보살의 이름을 부르면 관세음보살은 모든 재난에서 그 신자를 구제해주며, 어떤 병이라도 낫게 해준다는 이른바 관음신앙이다. 《관음경》은 그런 관음신앙을 설한 경전이라는 것이다.

예를 들어 죠루리〔淨瑠璃, 가락에 맞추어서 낭창朗唱하는 일본의 전통극 : 역주〕《츠보사카 영험기》를 보면 아내는 앞을 보지 못하는 남편을 낫게 해주려고 츠보사카테라〔壺坂寺〕의 관세음보살에게 기도를 올린다. 남편은 밤마다 아내가 외출하는 것을 보고 바람났다고 멋대로 짐작하고서 그 뒤를 밟는다. 하지만 진상을 알고 나서 오히려 자기혐오에 빠진다. 그동안 자기가 아내에게 걸리적거리는 존재가 되어왔음을 근심한 나머지 낭떠러지에 몸을 던진다. 이 사실을 안 아내도 같은 곳에서 몸을 던지지만 결국은 두 사람 모두 구조되고, 게다가 남편의 눈도 치유된다. 이것이 관음신앙의 공덕이며, 이와 같은 공덕을 널리 퍼뜨린 경전이 《관음경》이다.

그러므로 《관음경》은 기적을 노래한 경전이다.

그와 동시에 《관음경》은 대중적인 경전이다.

확실히 그렇다.

그렇지만 '기적을 노래한다'라는 것과 '대중적인'이라는 것을 뭉뚱그려서 《관음경》을 어린아이나 어르는 정도의 가르침으로 착각하면 안 된다. 관음신앙의 공덕—기적—을 그림연극이나 허구로 받아들이면 곤란하다. '곤란하다'라는 표현은 좀 이상하지만 적어도 나는 《관음경》을 그런 식으로는 생각하고 있지 않다. 내 생각을 미리 밝히자면 《관음경》은 어엿한 불교 경전이기 때문에 '기적'에 대해서 발언하고 있는 이면에는 상당히 불교다운 견해가 있다는 것이다. 그런 점을 간과해버리면 우리는 《관음경》을 오해하게 될 것이다. 나는 그렇게 생각하고 있다.

어찌되었거나 문제는 '기적'이라는 단어에 있는 것 같다.

기적을 어떻게 이해하는가에 따라서 《관음경》을 이해하는 방법이 크게 달라질 수 있다. 그래서 《관음경》의 본문을 읽기 전에 기적에 대해서 조금 생각해보기로 하자.

무엇이 기적인가?

'기적은 있는 것인가, 없는 것인가?'

기적을 말할 때 으레 제일 먼저 날아오는 질문이 이것이다. 그렇지만 실은 이 질문만큼 성가신 질문도 없다. 왜냐하면 질문자가 기적을 어떻게 생각하고 있는지가 전혀 분명치 않기 때문이다. 예를 들어 그는 태양이 서쪽에서 떠오르는 것을 기적이라고 생각할 수도 있고, 거액의 복권에 당첨되는 것을 기적이라고 생각할 수도 있다. 전자의 경우라면 나는 그런 일은 없다고 답할 것이고, 후자의 경우라면 복권에 당첨되거나 되지 않는 것은 '우연'의 문제일 뿐이니, 설령 거액에 당첨되더라도 나는 그것을 기적이라고는 생각지 않는다고 답할 것이다. 어찌되었거나 질문자가 무엇을 기적이라고 생각하고 있는가에 따라서 내 대답은 상당히 달라질 것이다.

따라서 '기적은 있는 것인가?'라는 질문을 받는다면, 먼저 '대체 기적이란 게 무엇인가?'라고 반문해야만 한다. 그런 뒤에 그 정의에 근거해서 다시금 나의 대답을 검토해야 할 것이다.

하지만 이 모든 반문들은 얼굴을 마주 보고 대화하는 경우에나 가능한 일이다. 지금의 나처럼 글을 쓰고 있는 경우에는 그런 반문을 할 수가 없다. 그렇다면 나는 '기적은 있는 것인가' 하는 질문에 대해서 내 나름의 해답을 써내려갈 수밖에 없다. 그래서 나는 그 문제를 각도를 조금 달리해서 차례로 질문해나가기로 하겠다.

즉, 처음에는 이런 식으로 물어보는 것이다.

— 신앙(혹은 종교)으로 병을 고칠 수 있을까?

이런 질문이라면 비교적 정확하게 답할 수 있을 것이다.

 병은 '마음의 병'

이런 이야기를 들은 적이 있다.

대학병원에 입원하고 있던 위궤양 환자 한 사람이 자기 병이 전혀 낫지 않자 생각다 못해 주치의와 상담했다. 그런데 의사가 뜬금없이 이렇게 질문했다.

"혹시 위가 어디에 있는지 알고 계십니까?"

환자는 위가 있는 곳을 손으로 눌렀다.

"위가 어디에 있는지 알고 있다면 낫지 않을 것입니다. 술이라도 마시면서 위가 있는 곳을 잊어버리면 좀 나을까…"

위궤양 환자에게 술을 권하다니 너무나도 터무니없지 않은가. 하지만 그는 의사의 말을 알아들었다.

―고시랑고시랑대지 말 것.

이것이 가장 좋은 약이라는 사실을 안 것이다. 그 결과 병은 눈에 띄게 나아졌다.

병은 의사가 치료하는 것이 아니다. 병을 고치는 사람은 어디까지나 환자 자신이다. 의사는 그를 거들어줄 뿐이다. 대부분의 의사들은 이렇게 말하고 있다. 그렇다면 이 위궤양 환자처럼 마음을 어떻게 먹느냐에 따라 병이 낫는다는 것은 충분히 가능한 일이다.

그렇다면 애초부터 병이 없는 환자가 의외로 많다고 말해도 지나치지는 않을 것이다. 현재, 일본에서는 지방자치단체에 따라서는 고령자의 진료비가 무료인 곳이 많다. 그래서 시간이 남아 주체

하지 못하는 노인들이 대수롭지 않은 병을 만들어서는 병원을 오가며 한담을 즐기면서 하루를 병원에서 보내고 있는 탓에 혼잡하다고 들었다. 충분히 있을 수 있는 일이다.

하지만 그런 노인들은 예외로 치더라도 병원에 오는 환자의 태반이 치료를 필요로 하는 사람들은 아닌 듯하다. 의학의 계량화 문제를 전공하고 있는 마쓰야마 모토지로〔增山元三郎〕씨는 이렇게 말하고 있다.

"도쿄대 병원에서 제2차 세계대전 이전의 방대한 외래 진료 기록 카드를 조사해본 적이 있는데, 무려 8할이 특별한 치료를 받지 않고서 치유된 환자였다. 거의 같은 무렵, 독일의 어느 대학 병원에서도 동일한 조사를 했는데, 거의 같은 수치를 보이고 있었다."

(《엉터리의 세계デタラメの世界》, 이와나미신쇼〔岩波新書〕)

즉, 환자의 8할이 병이 없다는 것이다. 기절초풍할 수치다.

 효과 없는 약

약에 관해서도 이런 이야기가 있다.

'플라시보placebo'라는 약(?)이 있다. 본래는 라틴어로 '나는 만족스러울 것이다'라는 의미라고 한다. 이 약은 정제한 밀가루를 굳혀서 만든 것의 일종인데 전혀 약효가 없다. 그런데도 환자는 약을 먹는다고 생각하며 안심한다. 그런 역할을 하는 약이다. 사전에는 '심리 효과를 위한 약', '위약僞藥'이라고 설명하고 있다. 약이 아닌 약이다. 이상한 약이다.

이 플라시보를 위궤양 환자에게 투여해보았다. 먼저 간호사를 통해서 플라시보를 환자에게 먹이게 했다. 단, 간호사는 아무 말도 하지 않은 채 입을 꼭 다물고 환자에게 약(플라시보)을 건네주기만 해야 한다. 그런데 그 플라시보를 복용한 환자의 25퍼센트가 훌륭하게 위궤양을 고쳤다고 한다.

하지만 여기서 놀라기에는 조금 이르다. 이번에는 다른 그룹의 위궤양 환자에게 의사가 직접 이 플라시보를 주고 나서 이렇게 말을 건넸다.

"이번에 아주 운 좋게 입수한 신약입니다. 본래는 보험 적용도 되지 않는 약인데 특별히 선생께 투약해드리겠습니다. 매우 약효가 뛰어난 약이거든요."

정말 놀랍게도 이런 말을 들은 플라시보 복용 환자의 70퍼센트

가 위궤양을 치료했다고 한다. 이런 사례가 마쓰하라 요시히코〔增原良彥〕 씨의 《거짓말쟁이의 세계嘘つきの世界》(니혼쇼세키〔日本書籍〕)에 보고되어 있다.

이건 무엇을 말하는가.

상식적으로 말하자면 대부분의 병은 암시에 의해서 치료된다는 점이다.

그렇다면 신앙(종교)에 의해서 병이 낫는 것도 당연한 일이 아닐까? 치료하지 못하는 신앙(종교)이 오히려 우습다.

독자는 이렇게 반문할지도 모른다. 그렇지만 80퍼센트의 환자가 실제로 병이 든 것이 아니고, 또 병든 환자의 70퍼센트가 밀가루(플라시보)로 치료되었다 해도, 그 나머지 수치의 환자의 병은 어떻게 할 것인가. 그마저도 신앙에 의해서 치료할 수 있다는 것일까?

이렇게 묻는 것은 문제를 출발점으로 다시 돌리는 일이다. 나는 처음에 병을 치료하는 것은 환자이고, 의사는 환자의 시중을 들 뿐이라고 말했다. 또는 다음과 같이 바꿔 말해도 좋다. 예를 들어 내장질환의 경우에 물리적인 요법으로 내장 치료를 맡고 있는 사람은 의사이다. 그렇지만 온갖 잔소리를 해대고 안달복달하고 있는 환자의 마음은 의사도 도저히 어쩌지 못한다. 그리고 안달복달하고 궁시렁거리는 바로 이것 때문에 치료가 오래 걸리는 것이다. 그렇다면 신앙으로 병이 낫는 것은 오히려 너무나도 당연한 일이 아닐까.

 암과의 싸움

암 환자의 경우도 생각해보자.

현재까지 암은 정복되지 못했다. 하지만 암은 반드시 치료된다고 단언하는 의사가 있다. 텐바야시 츠네오〔天林常雄〕 의학박사가 바로 그 주인공인데 그는 자신의 저서인 《암병동 7할 생환ガン病棟7割生還》에서 이렇게 말하고 있다.

"나는 상당히 진행된 암도 치료법에 따라서는 충분히 치료할 수 있다는 사실을 알고 있다. 암은 결코 불치의 병이 아니다. 실제로 우리 병원에서는 지금까지 수많은 암환자들이 살아서 병원을 떠나고 있다. 구체적인 수치를 들자면 7할이 넘는 환자들이 건강해져서 퇴원했다. 더구나 그 대부분이 진행중인 암환자들이다."

"나는 환자에게 암을 선고한다. 선고하는 일은 내 치료법에서 하나의 중요한 기둥이기도 하지만 근본적으로는 내 의료관, 인간관, 인생관에 근거하고 있다."

"암환자 대부분은 신체의 치료뿐만 아니라 마음의 치료도 필요하다. 그러기 위해서는 자기가 암이라는 사실을 확실하게 알아야 한다. 정확하게 아는 것이 치료의 첫걸음이다. 나는 암환자 대부분에게 공통적으로 있는 성격을 '암 성격'이라고 부르며, 그 개조야말로 암 치료의 핵심이라고 생각하고 있다. 나는 그러한 치료법을 '정신 수술'이라 부르고 있다."

뜻하지 않게 인용이 길어지고 말았지만 나는 이와 같은 견해에 찬성한다. 물론 나는 의학에는 문외한이므로 암이 치료되는지 어쩌는지는 잘 모른다. 따라서 그런 점에 대해서는 판단을 유보할 수밖에 없다.

내가 텐바야시 씨에게 찬성하는 것은 환자가 자기의 증상을 알아서 스스로 적극적으로 암과 싸우려고 하는 것 말고는 암을 이겨낼 수 없다고 말한 점이다. 암뿐만 아니라 모든 병이 그렇다. 만일 암을 고치려고 한다면 역시 환자가 적극적으로 암과 싸우려고 하지 않으면 안 된다. 나는 그렇게 생각해서 텐바야시 씨의 견해에 찬성하는 것이다.

암과의 싸움. 필시 고난으로 가득 찬 투쟁일 것이다. 열이면 열 사람 모두 이 투쟁에서 이겨낸다는 보장은 없다. 텐바야시 씨는 7할의 승율을 말하고 있지만 어쩌면 낙천적인 수치일지도 모른다. 통계적 근거를 제시하고 있지 않기 때문에 뭐라고 말할 수가 없다. 반대로, 3할의 승율이거나 그것도 아니면 1할도 되지 않을지도 모른다. 하지만 그래도 싸워볼 가치는 있다. 아니, 싸워야만 한다. 싸우지 않고는 정말로 승산이 없는 병이기 때문이다.

그리고 자칫하면 지게 될 싸움에서 환자를 지탱해주는 것이 신앙이라고 생각한다. 우리의 주제로 말하자면 관세음보살이다. 암에 걸린 환자가 필사적으로 싸우고 있을 때 옆에서 응원해주는 사람들은 의사이며, 가족이며, 그리고 자비의 눈길로 환자를 조용히 지켜봐주시는 관세음보살이다. 그 눈길에 힘입어 환자는 악전고투하여 이겨낼 수 있다고 생각한다. 신앙이 없다면 인간은 그런 필사적인 싸움을 견뎌낼 수 없을 것이다.

요컨대 내가 배워서 알고 있는 바도 그렇다. 현재 미국 의학에서는 의사가 환자에게 암이라는 사실을 알려준다고 한다. 그런 점에서 텐바야시 씨의 행위는 미국에서는 너무나 당연한 일이다. 미국인은 암과 의연하게 맞서 싸우는 모습에서 그 사람의 인간다움을 읽어내고 칭찬한다. 그리고 환자에게 병명을 숨기기에 바쁜 일본인의 처사를 '어리광'이라고 보고 있는 듯하다. 그런 식으로 배운 적이 있다. 이런 점에서도 일본인의 '어리광의 구조'는 드러나고 마는 것 같다.

병과 인생

조금 더 이야기해보기로 하자. 병을 어떻게 받아들이느냐에 따라서 《관음경》을 읽어나가는 우리의 방법도 크게 달라지기 때문이다. 그래서 그런 점을 충분히 생각해보고자 한다.

'암과의 싸움'이라고 쉽게 말하지만 암이 불치의 병임은 틀림없다. 하지만 사망률이 100퍼센트라 하더라도 우리는 암과 싸우면서 살아가야 한다.

우리는 건강과 병을 비교해서 건강을 이상적으로 여기고 병을 마음에 들어하지 않는다. 그것은 어쩔 수 없다. 하지만 너무 그렇게 이분법적으로 딱 갈라서 생각하면 우리가 병에 걸렸을 때 그 기간을 무의미한 시간, 인생에 있어서 공백의 시간이라고 여겨버린다. 그래서 초조해지기 시작한다.

그렇지만 생각해보자.

이삼 일 감기를 앓는 정도의 병이라면 그렇게 생각해도 무방하다. 그러나 이 년이나 삼 년 동안 병원에 입원해야 하는 병에 걸렸다면, 그 기간을 공백의 인생으로 여겨도 괜찮은 것일까? 하물며 암을 선고받은 환자는 어떨까? 앞으로 일 년밖에 살지 못하는데 그 일 년을 공백의 시간으로 여긴다면 그의 인생은 공백인 채로 막을 내리게 된다.

그래서는 안 될 것이다.

건강한 인생만이 인생은 아니다.

병에 걸린 사람에게는 그 병에 걸린 인생이 인생이어야 한다. 다시 말해서 병자는 병의 인생을 살아가지 않으면 안 되는 것이다. 그렇지 않으면 암이나 치유하기 어려운 병에 걸린 사람의 인생은 완전히 무의미해지고 말 것이다.

늙음에 대해서도 똑같이 말할 수 있다.

불교에서는 생로병사의 네 가지 괴로움을 열거한다. 늙음도 병과 똑같이 인간의 괴로움이다. 그리고 병자가 병에 걸린 채 인생을 살아갈 수밖에 없는 것처럼 노인도 늙음의 인생을 살아가지 않으면 안 된다. 늙음을 푸념하면서 살아가는 노인은 어리석다. 그렇게 하면 자기 자신만 비참해질 뿐이다. 노인에게 걸맞는 삶의 방식은 늙음과 함께, 늙음 속에서, 충실한 인생을 살아가는 것이다.

그리고 병자가 병자로서 인생을 살아가려고 결심했을 때, 노인이 늙음 속에서 인생을 살아가려고 자각할 수 있을 때, 그때 비로소 자신의 인생을 발견하게 된다. 공백의 시간이며 가치 없다고 하여 내팽개쳐져 있던 시간을 그는 자신의 인생으로서 발견하게 되는 것이다.

그것이 기적이다. 무無에서 유를 창조해낸 것이기 때문에.

바로 이것이 기적이다. 병을 직접 치료하는 기적도 틀림없이 기적이지만 병에 걸렸으면서도 더한층 적극적으로 살아가려고 마음먹게 하는 기적은 더 큰 기적이다.

그리고 이와 같은 기적이 《관음경》에서 설하고 있는 기적이다.

 큰 부자가 되고 싶다

서론치고는 너무 장황하지만 기적에 대해서 한 마디만 더 말하고자 한다.

예를 들어 신앙의 기적으로 큰돈을 벌 수 있을까 하는 질문이 있다.

돈벌이라는 것은 너무나도 즉물적인 문제이지만 그만큼 서민적인 문제이다. 우리의 《관음경》도 특별히 이 문제를 피하고 있지는 않다. 오히려 이러한 즉물적인 이익을 더 크게 과시하기까지 하고 있다. 그러므로 내가 서론에서 이 문제를 생각해보려는 것도 그리 흉잡힐 일은 아닐 것이다.

기적으로 큰돈을 벌 수 있을까?

결론부터 말하자면 '가능하다.'

하지만…

오래전에 〈원숭이의 손猿の手〉이라는 제목의 단편소설을 읽은 기억이 있다. 누구의 작품이었는지는 도저히 생각나지 않는다. 나도 최근에 기억력이 많이 약해졌다. 나이 탓이리라. 그렇지만 그것을 푸념해서는 안 된다. 노령에 달하면 늙음과 함께 살아가야 한다고 조금 전에도 말하지 않았는가. 그런데 지금 나이에 의한 기억력 감퇴를 푸념한다면 내 언행이 일치하지 않게 된다.

생각나지 않는 단편소설의 작자 이름에 매달리는 것은 그만하고, 기억을 더듬어서 소설의 줄거리를 소개하려고 한다. 본래 인간의 기억이라는 것은 그다지 믿을 게 못 되므로 줄거리는 내가 상당 부분 개작한 것임을 미리 밝힌다. 그리고 개작하는 김에 나는 눈 딱 감고 현대적으로 손을 보려 한다. 나는 '오천만 엔'이라고 말하겠지만 원작은 서양 것이기 때문에 그런 금액이 나올 리는 없다.

이런 이야기다.

좀 께름칙하지만 세 가지 소원을 들어주는 원숭이 손이 있다. 노부부가 어떤 기회에 이 원숭이 손을 입수했다.

노부부는 정말로 이것이 소원 세 가지를 들어주는 마법의 손이라고는 믿지 않았다. 반신반의했다. 반신반의하면서 '어찌되었거나 소원을 빌어보자'라고 하게 되었다.

"오천만 엔을 주십시오."

이렇게 소원을 빌었다.

이렇게 말하기가 무섭게 문을 두드리는 사람이 있었다. 노파가 나가보니 보험회사 직원이었다.

"댁의 아드님께서 교통사고로 사망하셨습니다. 알려드릴 겸하여 찾아뵈었습니다. 보상금은 오천만 엔입니다. 지불해드리겠습니다."

보험회사 직원은 이렇게 말했다.

즉 오천만 엔이 수중에 들어온 것이다. 그것을 우연이라고 봐야 할지 아니면 원숭이 손의 마력이라고 봐야 할지 사람마다 다르게 생각할 것이다. 하지만 오천만 엔이 수중에 들어온 것은 사실이다. 더구나 그것은 아들의 목숨과 바꾼 것이다.

노부부는 탄식했다. "그런 소원은 비는 게 아니었어…"라고.

그때 그들은 퍼뜩 생각이 났다. 원숭이 손은 아직 두 가지 소원을 더 들어줄 힘이 있다는 사실을. 그 힘에 기대어보기로 하자.

하지만 아들의 장례식을 이미 치른 뒤의 일이었다. 그들은 정확히 자기들 눈으로 아들의 죽음을 확인했다. 그런 아들을 다시 되살렸으면 좋겠다는 것이 노부부의 두 번째 소망이었다.

죽은 자를 되살릴 수는 없다. 불가능하다. 이런 불가능이 가능해진다면 너무나도 께름칙하다. 하물며 신을 모독하는 행위이기도 하다. 그것을 알면서도 그들은 두 번째 기적을 바랐다.

그날 밤은 태풍이 몰아쳤다.

휘-잉 휘-잉 휘몰아치는 바람 사이로 뚜벅뚜벅 발걸음 소리가 들리더니 그들의 집 현관 앞에서 멈추었다.

쿵 쿵. 문 두드리는 소리.

겁에 질려 견딜 수 없었던 노부부는 원숭이 손을 향해서 이렇게 말했다.

"제발 아들을 사라지게 해주세요."

그것이 세 번째 소원이었고, 이야기는 그것으로 끝이 났다.

 기적을 거부하는 정신

원작은 노부부가 더 견딜 수 없어서 세 번째 소원을 비는 과정을 긴박한 필치로 그리고 있었다. 굉장히 설득력 있는 작품으로 기억하고 있다.

기적이 있었는지 없었는지는 끝내 알 수가 없다. 아들의 교통사고가 우연한 사건이었을지도 모르겠고, 죽은 자가 정말 되살아났는지도 모르겠다.

다만, 기적이란 바로 그런 것이라는 점을 말하고 싶다. 그런 것이라는 것은 첫째로, 기적은 딱 부러지게 '바로 이것'이라고 말할 수 없다는 점이다. 많은 경우, 그건 우연이라고 해석할 수도 있다는 사실이다.

그리고 둘째로, 기적에는 반드시 대가가 따른다. 오천만 엔이라는 거금은 아들의 목숨과 맞바꾼 것이다. 소설이라는 허구의 세계에서 벌어진 사건이지만 현실의 인생에서도 그런 점은 마찬가지일 것이다. 일확천금을 꿈꾸고서 경마나 경륜에 빠져버리는 사람의 현실생활은 황폐하기 짝이 없다. 기적적으로 적중해서 거금을 손에 쥐었다고 해도 그는 일상생활을 희생시킨 것이다. 대가는 너무나도 크다.

혹은, 수전노가 되어 돈을 모은 사람이 있다. 그런 사람은 타인의 고통에는 전혀 동정심을 느끼지 못하는 인간이 되고 만다. 이른바 돈벌레, 수전노, 탐욕의 화신으로 변해버리는 것이다. 돈귀신이 되지 않고서는 재산을 쌓을 수가 없다. 그는 인간성을 상실하고 스스로 귀신이 되었던 것이다. 그것이 수전노의 축재의 대가이다. 《관음경》에도 귀신이 나온다.

或遇惡羅刹 毒龍諸鬼等 念彼觀音力 時悉不敢害
혹우악나찰 독룡제귀등 염피관음력 시실불감해

혹은 사악한 나찰, 독룡, 귀신 들을 만날 때 저 관음력을 염하면 때에 모두가 감히 해치지 못할 것이다.

아마 여기에 등장하는 귀신은 틀림없이 내면의 귀신일 것이다. 그렇게 읽을 수도 있다. 하지만 《관음경》을 읽는 방법에 대해서는 본문에서 차분하게 논하기로 하자. 서론에서는 우리가 기적을 기대한다면 그런 기적은 분명 무엇인가 대가를 요구한다는 것만을 말해두고자 한다. 이것만이라도 기억해준다면 지금은 충분하다.

나는 기적이란 극약이나 마약 같은 것이라고 생각한다. 극약이나 마약은 확실히 효과가 뛰어나다. 하지만 그만큼 부작용도 크다. 밤 새워 노름을 한 다음날 아침, 머리가 아프다고 해서 극약과도 같은 약을 복용하는 것은 어리석은 짓이다. 또는 보통의 약은 도무지 듣지 않는다고 해서 마약을 먹는 사람이 있다. 연예인 중에 이런 사람이 많은 것 같다. 한두 번쯤이야 어떨까 해서 복용할지도 모르겠지만 상용하게 되면 반드시 몸이 상하고 만다. 더구나 마약에는 상용하는 사람을 중독시키는 요소가 있다. 위험천만이다.

기적은 어떤 의미에서 마약과 같다. 인간은 쉽게 그에 기대려고 한다.

기적은, 기적에 기대지 않는 강인한 정신의 보호를 받아야만 진정한 기적일 수 있다. 나는 그렇게 생각한다. 이것이 바로 《관음경》이 가르쳐주는 참다운 의미에서의 기적이다. 다시 말해서 《관음경》은 쉽게 기적에 기대지 않는 강인한 정신을 바탕으로 한 기적에 대해서 설한 경전이다.

이런 점을 염두에 두고서 《관음경》을 읽어나가기로 하자.

제1장

그때 당신은…

《묘법연화경》〈관세음보살보문품〉 제25

― 그때 무진의보살은 곧 자리에서 일어나 편단우견하고 합장하고서 부처님을 향하여 이렇게 말했다. "세존이시여, 관세음보살은 어떤 인연으로 '관세음'이라 이름합니까?" 부처님은 무진의보살에게 말씀하셨다. "선남자여, 만일 무량백천만억의 중생이 있어서 온갖 괴로움을 겪을 때, 이 관세음보살을 듣고서 일심으로 이름을 부르면 관세음보살은 즉시 그 음성을 관찰하고 모두 해탈할 수 있게 해주느니라."

《관음경》은 《법화경》의 일부

　나쓰메 소세키〔夏目漱石〕의 《풀베개草枕》에는 소설 읽는 색다른 법이 나온다. 책상 위에 책을 올려두고 우연히 펼쳐진 곳을 편안하게 읽어나가는 그런 독서법이다. 주인공인 청년 화가가 온천 여관의 젊은 여성인 나미那美에게 자기는 지금 이런 방식으로 소설을 읽고 있다고 말한다. 그리고 나미와의 대화가 이어진다.

"그게 재미있나요?"
"그게 재미있습니다."
"어째서지요?"
"어째서라… 소설 같은 것은 이렇게 읽는 것이 재미있습니다."
"어지간히 색다른 법이로군요."
"예. 조금은 색다르지요."
"처음부터 읽어나가면 왜 안 좋다는 거죠?"
"처음부터 읽어나가야만 한다면 끝까지 읽어나가지 않으면 안 되기 때문이죠."
"기묘한 이유로군요. 끝까지 읽어도 좋을 텐데요."

"물론 저는 그렇지 않습니다. 줄거리를 읽으려 든다면 나도 그렇게 합니다."

고등학생 시절에 처음 이 《풀베개》를 읽었을 때부터 나는 한번은 이런 식의 소설 읽기를 해보고 싶었다. 그렇지만 내 성격 탓인지 그리 되지 않았다. 아무래도 줄거리가 걱정되었기 때문이다. 나의 소설 읽는 법은 철두철미하게 줄거리를 읽는 것으로 일관하고 있는 것 같다.

이 책의 주제에서 벗어났다는 비난을 무릅쓰고 제1장 첫머리부터 이런 이야기를 하고 있는 것은 그 나름대로 이유가 있다. 우리는 지금 《관음경》을 막 읽어나가려고 하고 있지만 사실 《관음경》은 어떤 책 한 권에 들어 있는 한 장章이기 때문이다. 그러므로 《관음경》을 읽기 시작한다는 것은 《풀베개》의 청년 화가가 한 것처럼 한 권의 책을 도중에서 읽어나가는 셈이 된다.

그 한 권의 책이란 《법화경》이다. 《법화경》은 정확하게 말하면 《묘법연화경》이다. 모르는 사람이 없을 정도로 유명한 대승경전이다. 모든 경전 가운데 왕이라 일컬어지며, 대승불교 국가에서는 특히 이 경전을 중시했다. 현존하는 《법화경》의 한역漢譯으로는 세

종류가 있는데 가장 많이 읽혀지고 있는 것이 구마라집鳩摩羅什 역, 즉 라집 삼장羅什三藏이 번역한 《묘법연화경》이다. 따라서 보통 《법화경》이라고 하면 라집 역의 《묘법연화경》을 말한다.

그리고 그 《묘법연화경》의 제25장, 다시 말해서 《묘법연화경》 〈관세음보살보문품〉 제25가 후세에 독자적인 경전이 되어 《관음경》이라 불리게 되었다. 따라서 《관음경》은 《법화경》의 일부이다.

'여시아문'과 '이시'

불교 경전은 전부 '여시아문如是我聞'으로 시작한다. 아마 이렇게 배운 독자들도 많을 것이다.

'여시아문'이란 '이와 같이 나는 들었다'라는 의미이다. 전하는 바에 의하면, 불교의 개조인 석가모니가 입멸入滅하신 직후, 5백 명의 제자들이 인도 마가다국의 수도 왕사성 교외에 있는 칠엽굴에 모여서 각자 들었던 석가모니의 가르침을 확인했다고 한다. 5백 명의 제자들은 여러 기회에 각기 개별적으로 석가모니로부터 가르침을 받았다. 따라서 자칫하다가는 각자의 기억이 혼란스럽고 모순이 될지도 모를 일이었다. 그래서 집회를 열고 그 자리에서 각자가 "나는 이와 같이 석가모니에게서 들었다"라고 말했다.

이것이 '여시아문'의 의미이다. 그리고 불교 경전을 이 말로 시작하는 것이 하나의 전통적인 형식이 되었다. 그래서 경전은 전부 '여시아문'으로 시작한다.

그런데 《관음경》은 그렇지 않다.

눈치챘겠지만 《관음경》은 '이시爾時…'로 시작하고 있다. '이시'란 '그때'라는 뜻이다. 전통적인 형식을 깨고 《관음경》은 느닷없이 '그때'라는 말로 경을 시작하고 있는 것이다.

그 이유는 《관음경》이 《법화경》의 일부이기 때문이다. 《법화경》 전체를 놓고 보면 다른 경전과 똑같이 '여시아문'으로 시작하고 있다.

如是我聞 一時佛住 王舍城 耆闍崛山中 與大比丘衆
여시아문 일시불주 왕사성 기사굴산중 여대비구중
萬二千人俱 …
만이천인구

이와 같이 나는 들었다. 어느 때 부처님은 왕사성 기사굴산에 머물고 계셨다. 큰 비구 무리 1만2천 명과 함께하셨다 …

이것이《법화경》즉《묘법연화경》〈서품序品〉제1 첫머리의 말이다. 서품은 서장序章이다. 따라서《법화경》벽두에는 이렇게 '여시아문'이라는 네 글자가 놓여 있다.

하지만 제2장부터는 당연히 이 말은 보이지 않는다. 제2장은 제1장이 끝나는 지점에서 시작하기 때문에 '이시(爾時, 그때)'라는 말이 등장한다. 제1장의 사건이 끝난 '그때'라는 의미이다. 그리고 제3장도 '이시'로 시작하고 있으며, 제4장과 제5장은 물론이요,《법화경》의 그 뒤에 등장하는 모든 장은 전부 '이시'로 시작하고 있다. 실은 제7장은 예외이다. 제7장에는 '이시'가 아니라 '불고제비구(佛告諸比丘, 부처님은 모든 비구에게 고하셨다)'로 시작하고 있다.

따라서《법화경》의 제25장인《관음경》은 '이시'로 시작하고 있다. 모든 경은 당연히 '여시아문'으로 시작한다고 생각해왔던 사람에게는 다소 의외일 수도 있겠지만 그 이유는 위와 같다.

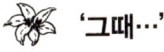 '그때…'

어찌되었거나 '그때…'라는 말로《관음경》은 시작했다. 그렇

다면 '그때'란 어느 '때'란 말일까?

먼저 '그때'가 문자 그대로 어떤 뜻인가에 답하고자 한다면 우리는 《법화경》 제24장을 읽어야 한다. 그리고 제24장에서 의문이 일어나면 이번에는 제23장으로 거슬러 올라갈 필요가 있다. 이렇게 되면 결국 《법화경》을 처음부터 읽는 편이 낫다.

하지만 우리는 《관음경》을 읽고 있다. 《법화경》의 제25장이 아니라 《관음경》이라는 독립된 경전을 읽으려고 하고 있다는 말이다. 그렇다면 '그때'는 '그때'가 아닌 것이다. '그때'를 '그때'로 받아들이지 않는다면 《관음경》을 독립된 경전으로 읽어나갈 수 있게 된다.

"그래도 괜찮을까요?"

"그래도 괜찮습니다!"

《풀베개》 속 등장인물을 흉내내어서 이렇게 말해보기로 하자.

인생은 연속적인 시간의 흐름이다. 현재의 한 순간은 과거에 이어지고 있고 과거의 지배를 받고 있다. 우리는 때로 과거의 일에 끙끙 앓는다. 하지만 아무리 그래도 허사이다. 대부분의 경우 후회는 비생산적이다. 쓸모없다. 그런 쓸모없는 후회에 속을 끓이기보다는 과거의 일은 깨끗하게 잊어버리고 현재 순간부터 과감하게 시작하는 편이 낫다. 지금의 이 한 순간에 그대는 새롭게 출발하는 것이다. 그것이 '그때'의 의미이다. 그러므로 독자가 《관음경》을 읽으려고 생각한 그때가 바로 '그때'라고 해도 좋다.

🌸 보살이란 무엇인가?

이제 《관음경》을 천천히 읽어나가기로 하자.

爾時 無盡意菩薩 卽從座起 偏袒右肩 合掌向佛 而作是言
이시 무진의보살 즉종좌기 편단우견 합장향불 이작시언
世尊 觀世音菩薩 以何因緣 名觀世音
세존 관세음보살 이하인연 명관세음

그때 무진의보살은 곧 자리에서 일어나 편단우견하고 합장하고서 부처님을 향하여 이렇게 말했다. "세존이시여, 관세음보살은 어떤 인연으로 '관세음'이라고 이름합니까?"라고.

'그때'라는 말로 시작한 경은 이어서 '무진의보살'이 등장한다. 무진의보살이란 '한없는 의지를 가진 보살'이란 뜻이다. '보살'에 대해 자세한 설명을 하자면 너무나 장황해질 것이므로 여기에서는 일단 '부처에 준하는 존재'라고 해두자. '부처에 준한다'는 말은 부처에 버금가는 위대한 인물이란 뜻이다. 지위로 따지면 부처 다음 가는 사람이다.

관공서를 예로 들어보면, 관공서에는 가장 위대한 사람이 있다. 그것이 부처이다. 그리고 그런 가장 위대한 인물에 준한 인물도 있다. 자리로 따지면 두 번째이지만 그 사람의 실력이 가장 위대한 인물에 꼭 뒤진다고는 할 수 없다. 실력은 동등하거나 그 이상일 수도 있지만 연공서열에서 처지는 경우도 있기 때문이다. 그와 마찬가지로 보살 중에는 실력으로는 부처와 동등하거나 그 이상인 분이 계시다.

그러므로 새내기 창구 직원이라고 해도 어떤 의미에서는 소장에 준하기도 한다. 그는 창구에서 소장이 되어 대신 일을 하고 있는 것이다. 창구를 찾아온 시민은 그를 소장의 대리로서 상대하고 있는 것이다. 그런 의미에서 우리들 범부 또한 보살이다. 보살이란 부처에 준한 사람이기 때문에 우리가 부처에 준한 행위를 하려고 한다면 설령 범부라 할지라도 '보살'이 될 수 있다.

나아가 부처가 될 만한 실력을 갖고 있으면서도 굳이 부처가 되지 않고 보살인 채로 노력하고 있는 보살도 계시다. 대학 같은 곳에서 쉽게 그런 예를 찾을 수 있다. 총장(부처)과 동급이거나 그 이상의 실력을 갖고 있으면서도 교수(보살)인 채로 열심히 노력하고 있는 사람이 그렇다. 총장이 되면 교육 현장을 떠나지 않을 수 없다. 따라서 평교수로 머물면서 학생을 만나고 싶어하는 열의를 가진 선생님이 보살이다. 총장과 평교수가 학생과의 접촉 방식이 서로 다른 것처럼 부처와 보살도 중생과의 접촉 방식이 다르다. 스킨십이라 할 만한 접촉은 보살이 아니고서는 불가능하다. 관세음보살은 그런 보살이다.

이런 예비 지식을 가지고 다시 한 번 '무진의보살'부터 시작해 보기로 하자.

무진의보살이 어떤 보살인지 우리는 알 수 없다. 《법화경》으로 소급해서 읽어보자면 자세한 설명이 나올지도 모르겠다. 하지만 굳이 그럴 필요는 없다. 《관음경》은 '그때'로 시작하고 있으며, 갑자기 '무진의보살'이 등장한다. 그걸로 그만이다. 그런 이름을 가진 보살이 계시고, 그분이 부처님에게 질문했다.

"관세음보살은 어떻게 '관세음'이라는 이름이 붙여지게 되었습니까?"라고.

이것은 우리가 묻고 싶은 질문이다. 관세음보살은 누구일까? 어떤 보살일까? 왜 '관세음'이라 불릴까? 우리가 품고 있던 이런 질문을 무진의보살이 우리를 대신해서 질문해주었다.

그렇다면 무진의보살은 우리 자신일지도 모르겠다. 독자들이 바로 무진의보살인 것이다. 이렇게 생각할 수도 있지 않을까? 이렇게 생각하면서 《관음경》을 읽어나가면 훨씬 재미있을 것이다.

그때 당신(독자)이 자리에서 일어나 편단우견하고 합장하고서 석가모니 부처님에게 질문했던 것이다. 편단우견이라는 것은 오른쪽 어깨를 드러내고서 옷을 입는 방식으로, 고대 인도에서는 존경하는 이를 대할 때의 예법이다. 석가모니 부처님에게 여쭙는 중이므로 당신은 고대 인도의 예법을 따르는 것이다.

"석가모니 부처님. 관세음보살은 어째서 '관세음'이라 불리는 것입니까?"

당신은 이렇게 여쭈었다.

이리하여 《관음경》은 시작한다.

 '선남자여…'

그러자 당신의 질문에 부처님이 상세하게 설명을 시작하신다.

佛告無盡意菩薩 善男子 若有無量 百千萬億衆生 受諸苦惱
불고무진의보살 선남자 약유무량 백천만억중생 수제고뇌
聞是觀世音菩薩 一心稱名 觀世音菩薩 卽時觀其音聲
문시관세음보살 일심칭명 관세음보살 즉시관기음성
皆得解脫
개득해탈

부처님은 무진의보살에게 말씀하셨다. "선남자여, 만일 무량백천만억의 중생이 있어서 온갖 괴로움을 겪을 때, 이 관세음보살을 듣고서 일심으로 이름을 부르면 관세음보살은 즉시 그 음성을 관찰하여 모두 해탈할 수 있게 해주느니라."

'선남자여'라고 석가모니가 부른다. 이것은 무진의보살이 마침 남자이기에 그렇게 부른 것이다. 하지만 무진의보살은《관음경》을 읽는 우리 자신이기 때문에 꼭 남자에 한정될 수는 없다. '선남자'라고 해도 그것은 '선남선녀'라는 의미이다. '남자'라고 되어 있으니 우리들 여성은 아닌가 보다라고 토라지지 마시기 바란다. 말은 본래 불편한 것이다. '선남자' 대신 '선남선녀'라고 했을 때 곡해하는 사람이 나오지 말라는 법이 없다. 예를 들어 이른바 '오종불남五種不男'이라고 불리는 사람은 어떨까.

오종불남이란 불교에서 완전한 남성이 아닌 자를 다섯 종류로 분류하는 말이다. 선천적으로 남근이 없는 '생불남生不男', 칼로 남근을 잘라버린 '건불남犍不男', 그리고 … 아니 이쯤에서 그만두자. 내 못된 습관을 보건대 한번 빗나가기 시작하면 어디서 멈출지 알 수 없기 때문이다. 아무튼 남녀 어느 쪽에도 속하지 않는 자가 있다는 사실은 틀림없다.

어찌되었거나 무진의보살에게 '선남자여'라고 부르신 뒤에 다음과 같이 말씀하셨다.

여기에 무량백천만억의 중생이 있다고 하자. 무량이란 헤아릴 수 없는 숫자를 말한다. 백천만억 역시 헤아릴 수 없을 정도로 아주 큰 수치이다. 천문학적인 숫자이다. 그처럼 수많은 사람이 있는데, 그들 한 사람 한 사람이 전부 괴로운 경지에 떨어져 있다고 하자. '있다고 하자'라는 표현은 너무 막연할지도 모르겠다. 왜냐하면 사람들이 괴로움 속에 빠져 있다는 것은 틀림없는 사실이기 때문이다. 하지만 석가모니는 가정법으로 말씀하셨다. 수많은 사람들이 괴로워하고 있다고 하자라고. 만약 그 사람들이 관세음보살의 이름을 듣고서 진정으로 마음속에서부터 그 이름을 부르며 구제를 바란다면 관세음보살은 그 사람들의 음성을 관찰하고서 그들을 구제해주신다. 이렇게 석가모니는 가르치신 것이다. 중생이 일심으로 관세음보살의 이름을 부른다. 그러면 관세음보살이 그 중생의 음성을 관찰하고서 괴로움으로부터 구제해주신다. 바로 여기에 '관세음'이라는 이름이 붙게 된 인연이 있다. 그것이 석가모니의 대답이었다.

관세음과 관자재

앞의 설명에서 '관세음보살'이라는 이름이 불리게 된 이유는 잘 알았다. 하지만 조금 깊게 '관세음보살'에 대해서 공부해보기로 하자. 그러는 편이 다음의 《관음경》을 읽을 때에 더 도움이 되기 때문이다.

아주 조금만 학문적인 이야기를 하려고 한다.

관세음보살의 '관세음'은 원어인 산스크리트어로는 '아발로키테슈바라Avalokiteśvara'이다. 산스크리트어는 범어梵語라고도 하는데 고대 인도의 언어이며, 대승경전의 언어이다.

그런데 '아발로키테슈바라'라는 말을 정확하게 번역하면 '자유자재롭게 관찰할 수 있다'라는 뜻이 된다. 즉 '관자재觀自在'이다.

어, 어디선가 들어본 말인데…라고 생각하는 독자도 많을 것이다. 그렇다. '아발로키테슈바라'가 '관자재'라면 '아발로키테슈바라보살'은 '관자재보살'이다. 그리고 '관자재보살'은

觀自在菩薩 行深般若波羅蜜多時 照見五蘊皆空 度一切苦厄
관자재보살 행심반야바라밀다시 조견오온개공 도일체고액

이라고 하는 저 《반야심경》의 '관자재보살'이다. 그러므로 귀에 익은 것이다.

그렇다면 '관세음보살'과 '관자재보살'은 똑같이 '아발로키테슈바라보살'을 번역한 말이라 할 수 있겠지만 사실 아발로키테슈바라는 아무리 생각해봐도 '관세음'이라고는 번역할 수 없는 말이다. 《반야심경》은 현장 삼장玄奘三藏이 번역한 것인데 현장 역 '관

자재'는 정확한 번역어지만, 《법화경》《관음경》의 역자인 라집 삼장의 '관세음'은 어쩐지 오역인 것만 같다. 적어도 원어가 아발로키테슈바라라면 라집 역은 오역이라고 말하지 않을 수 없다.

그러나 라집은 대학자이다. 어학에 관한 한 발군의 재능을 가진 사람이었기 때문에 그가 오역을 하리라고는 생각할 수 없다. 그렇다면 라집 삼장은 현재의 《법화경》이 아닌 다른 《법화경》 텍스트를 번역했다고 추측해볼 수 있다. 그럴 가능성을 고려하지 못할 것도 없다. 예를 들면, 근년 중앙아시아에서 발견된 《관음경》의 산스크리트어 고사본古寫本에는 '아발로키타 · 스바라Avalokita-svara'라는 말이 나온다. 이 '스바라'는 '소리〔音〕'라고 번역한다. 물론 그렇다고 해서 이것을 '세음世音'이라고는 번역할 수 없기 때문에 문제가 완전히 해결된 것은 아니다.

그렇지만 더 이상 학문적으로 파고들지는 않겠다. 우리로서는 《관음경》의 '관세음보살'과 《반야심경》의 '관자재보살'이 같은 보살의 다른 이름이라는 사실만 알면 그것으로 충분하다. 이것만 기억해두기를 바란다.

🌺 소리를 본다

관세음보살은 관음보살이라고도 불린다. 그런데 '관세음(혹은 관음)'이라는 말은 좀 이상하지 않은가? 실은 '관세음'의 세世는 세상 사람들 즉 중생이란 뜻이다. 따라서 세음世音은 중생의 음성을 말한다. 여기에서 '중생의'라는 말이 생략되어 그냥 '음성'이 되어버렸지만 그리 흠잡을 일도 아니므로 지금부터는 '관음보살'이라고 부르려고 한다. 경전 제목부터도 《관음경》이 아닌가.

'관음'이란 '소리[音]를 본다[觀]'라는 뜻이다. 그렇다면 소리는 보는 것이란 말인가?

소리는 듣는 것이다.

유치원 아이들도 빤히 아는 사실이다. 그런데 어째서 '소리를 본다'라고 한 것일까?

하지만 소리를 볼 수 있는 사람이 있다는 것도 사실이다. 나는 음치이기 때문에 음악은 통 자신이 없다. 요새 젊은 사람들은 악보를 줄줄 읽는다. 한없이 부러울 뿐이다. 우리 집에서는 나를 제외한 모든 가족 — 아내와 딸과 아들 — 이 악보를 읽을 줄 안다. 나 혼자만 언제나 외톨이가 된 듯하다.

어찌되었거나 악보를 읽을 수 있다는 사실은 바로 소리를 보고 있다는 것이 아닐까? 만년의 베토벤은 완전히 들을 수 없게 되지만 그래도 작곡은 할 수 있었다. 그는 소리를 보고 있었던 것이다. 그렇게 생각하면 '소리를 본다'라는 말도 나름대로의 의미가 있는 것 같다.

울지 마

하지만 '관음보살'이란 이름의 유래가 이뿐만은 아닐 것이다. 관음보살이 '관음보살'로 불리게 된 이면에는 좀더 필연적인 이유가 있을 것 같다.

문득 아쿠타가와 류노스케[芥川龍之介]의 〈수건 手巾〉이란 제목의 단편소설이 떠오른다.

대학교수에게 어떤 학생의 어머니가 찾아오는데, 그녀는 자식의 죽음을 알리러 왔다. "눈에는 눈물도 고여 있지 않다. 목소리도 평소 그대로이다. 게다가 입가에는 미소마저 담고 있다."

이런 태도로 담담하게 자식의 죽음을 말했던 것이다. 대학교수는 그것을 일본인 특유의 태도라고 생각하고 있었다.

하지만 실은 그녀는 울고 있었다.

테이블을 사이에 두고 부인과 마주 앉아 있던 교수는 바닥에 떨어진 부채를 주우려다 우연히 그녀의 무릎을 보게 된다.

"무릎 위에는 손수건을 쥔 손이 놓여 있다. 물론 이것만 가지고는 대단한 뭔가를 발견했다고 할 수 없다. 그런데 교수는 부인의 손이 심하게 떨리고 있는 것을 발견했다. 그러면서도 감정의 격동을 강하게 억누르려고 한 탓인지 무릎 위의 손수건을 양손으로 꽉 움켜쥐고 있어 거의 찢어질 정도였다. 그래서 보았더니 구깃구깃해진 실크손수건의 자수 놓인 테두리가 가느다란 손가락 사이에서 마치 미풍에 흔들리고 있는 것처럼 떨리고 있었다. 부인은 얼굴로는 웃고 있었지만 사실 아까부터 온몸으로 울고 있었던 것이다."

울음이 반드시 '소리'로 표현되라는 법은 없다. 슬픔이 크고 깊을수록 울지 않는 일도 있다. 이를 악물고 꾹 참고 있는 수밖에 없는 그런 괴로움도 있다. 부모가 자식을 잃은 것이 바로 그런 슬픔이다. 아무리 통곡해도 자식이 돌아와줄 리가 없기 때문에 부모는 그저 눈물을 참고 있다.

아르헨티나 중부에서 북부 지역에 걸친 농촌에서는 아이가 죽었을 때 울어서는 안 된다는 전설이 있다. 나는 이 이야기를 내 책

《지옥과 사바의 지장보살地獄と娑婆のお地藏さん》(다이호린카쿠〔大法輪閣〕)에서 소개했던 적이 있다. 아르헨티나에서는 아이가 죽으면 천사가 된다고 믿고 있다. 그런데 부모가 울면 천사의 날개가 눈물에 젖어서 천국에 갈 수 없게 된다는 것이다. 그러기 때문에 장례식은 요란하고 시끌벅적하게 치른다. 둥둥 북 치고 악기를 빽빽 불어대며 성대하게 치르는 장례식의 이면에는 부모가 지그시 눈물을 참고 있다.

그러므로 관세음보살은 '소리'를 듣기만 해서는 안 된다. 둥둥 빽빽 대는 소리만 있으면 그것은 서커스 선전에 지나지 않는다. 하지만 가만히 손수건을 움켜쥐고 있는 손, 눈물을 힘겹게 참아내는 부모의 표정… 관세음보살은 이런 것을 보고 계신 것이다.

소리 나지 않는 소리, 곧 인간의 고뇌를 관세음보살은 물끄러미 관찰하고 있다. 그러기 때문에 '관세음'이다. 내가 생각하는 바는 이렇다.

 **엄마와 아기**

외국의 고아원에서 있었던 이야기이다.

그곳에서 자란 아이들은 발육이 너무나 늦었다. 기거나 혼자 앉는 것이 보통의 아이들보다 배나 걸렸다.

영양 부족 때문이 아니었다. 음식을 충분하게 제공하고 있어서 영양 면에서는 문제가 없었다. 문제는 정신적인 것이었다. 연구자는 그 원인이 스킨십에 있다고 했다.

전적으로 동감한다. 어린아이는 일이 있으면 사람을 부른다. 기저귀가 젖었을 때, 배가 고플 때 어린아이는 울음소리를 내서 엄마를 부른다. 고아원에서도 엄마를 대신하는 보모가 어린아이의 울음소리가 들리면 달려가서 우유를 먹이거나 기저귀를 갈아준다.

그런데 어린아이는 때론 거짓 신호를 보낸다. 무슨 특별한 용건이 있는 것도 아닌데 엄마를 부르는 신호인 울음소리를 낸다. 엄마의 사랑을 찾고 있는 것이다. 그럼 엄마는 속은 줄 알면서도 어린아이에게 달려간다. 아니 어떻게 보면 엄마가 먼저 그것을 알아차릴 때가 많다. 엄마에게도 엄마의 마음이 있어서 아무 일이 없는데도 어린아이를 어르고 싶어지는 것이다. 그래서 울기도 전에 혹은 울음소리를 내기 직전에 엄마는 어린아이 곁으로 달려간다.

고아원의 보모가 갖고 있지 않은 것은 이런 애정이다. 결코 보모에게 애정이 없다는 것은 아니다. 어린아이가 부르면 보모들도 곧장 달려간다. 하지만 부르기 전에 어린아이 곁에 다가오는 그런 애정이나 여유를 보모에게는 기대할 수 없다. 그것은 역시 진짜 엄마만이 갖고 있는 애정이 아닐까.

관세음보살이 소리를 듣는 부처님이라면 그것은 보모와 같은 애정에 불과할 것이다. 중생이 괴로워서 신음소리를 내며 구조를 요청하면, 그에 응해서 달려가는 부처님은 아마 많이 계실 것이다. 하지만 관세음보살은 그런 부처님이 아니다. 그런 부처님이고 싶어하지도 않는다. 관세음보살은 괴로움에 빠진 중생이 구원을 요청하는 음성을 내기도 전에 앞서 그 중생을 관찰해주는 부처님이다. 그렇기 때문에 관세음보살이란 이름이 붙었다.

사실 어떻게 '관세음'이란 이름이 붙었을까에 대해서는 다양한 견해가 나올 수 있다. 그렇다면 위에서와 같은 생각도 가능할 것이다. 어떤 의미에서 《관음경》 전체가 그에 답하는 경이라고 말할 수 있다. 그러므로 나의 이런 생각을 전제로 해서 《관음경》을 읽어나가기로 하겠다.

읽어나가면서 언제나 "어찌하여 관세음이란 이름이 붙여졌을까?"라는 의문을 반추해보기를 바란다. 그것이 《관음경》을 읽는 우리의 목적이니까…

제2장
일곱 가지 재난

— 만약 이 관세음보살의 이름을 지닌 자가 있다면 설령 큰불에 들어가더라도 불이 그를 태우지 못할 것이니 이 보살의 위신력으로 말미암기 때문이다. 만약 큰물에 휩쓸릴 때에도 그 명호를 부른다면 곧 얕은 곳에 이르게 될 것이다. 만약 백천만억의 중생이 있어서 금은, 유리, 자거, 마노, 산호, 호박, 진주 등의 보물을 구하려고 대해에 들어갔는데 설령 흑풍이 배에 불어와서 표류하다 나찰귀 나라에 닿게 되었더라도, 그 가운데 한 사람만이라도 관세음보살의 이름을 부르는 자가 있다면, 이 모든 사람들이 전부 나찰의 난을 해탈할 수 있으리라. 이런 인연으로써 '관세음'이라고 이름한다. 만일 또 어떤 사람이 막 해침을 당하려 할 때 관세음보살의 이름을 부른다면, 그가 손에 든 칼이나 막대기〔刀杖〕는 이내 조각조각 부서져서 벗어날 수 있으리라. 만일 삼천대천국토에 가득 찬 야차, 나찰이 몰려와서 사람을 괴롭히려고 할 때 저 관세음보살의 이름을 부르는 자를 들으면 이 모든

악귀들도 악한 눈으로 그를 볼 수 없을 것이니 하물며 해를 가하겠는가. 설령 또 어떤 사람이 죄가 있거나 죄가 없더라도 추계가쇄枷械枷鎖에 그 몸이 묶였을 때에 관세음보살의 이름을 부르면 모두 전부 부서져서 곧 해탈할 수 있으리라. 만일 삼천대천국토에 가득 찬 원적怨敵들이 있는데 상인의 우두머리 한 사람이 여러 상인들을 거느리고 값나가는 보물을 싣고서 험한 길을 지나갈 때 그 중의 한 사람이 이렇게 소리내어 말을 한다. "여러 선남자들이여, 두려워하지 마시오. 그대들은 이제 일심으로 관세음보살의 명호를 불러야 하오. 이 보살은 능히 무외無畏를 중생에게 베푸시는 분이오. 그대들이 만약 이 이름을 부른다면 이 원적들에게서 반드시 벗어날 수 있을 것이오"라고. 여러 상인들이 이 말을 듣고서 모두 함께 소리내어 "나무관세음보살"이라고 외쳤다. 그 이름을 부른 까닭에 곧 해탈할 수 있게 되느니라. 무진의여, 이처럼 관세음보살마하살의 위신력은 매우 크다.

소리가 아닌 음성

어떤 정신과 의사가 이런 말을 했다.

"세상에는 흔히들 '툭하면 죽고 싶다는 사람들이 많지만 그런 사람들 중에서 실제로 죽은 예가 없다'라고들 말하는 것 같은데 이건 잘못된 생각입니다. 자살하는 사람은 대부분의 경우 죽음을 선택하기 직전에 그것을 알립니다. 하지만 주변 사람들이 둔감해서 눈치채지 못하는 것이지요."

나의 빈약한 견문으로 보아도 그런 것 같다. 또한 정신병리학이나 심리학 책에도 그렇게 쓰여 있다. 죽기로 결심한 사람은 필사적으로 신호를 보내고 있다는 것이다.

'살려줘.'

'나를 죽음의 마왕에서 구해줘.'

그 혹은 그녀는 마음속으로 이렇게 외치고 있다. 다만 그것이 다른 사람에게는 솔직한 음성으로 들리지 않기에 우리는 그들이 웃으면서 "나 그냥 죽어버릴까?" 하는 말을 농담으로 여기고 만다. 그 말에 담겨 있는 필사적인 절규를 그냥 지나쳐버리는 것이다.

그런가 하면 너무나 겁에 질려 목소리가 나오지 않는 일도 있다. 악몽의 경우가 그렇다.

'살려줘!'

목구멍까지 나온 말이 소리가 되어 나오지 않는 것이다. 소리 나지 않는 소리를 외치면서 필사적으로 도망치고 있다. 비참하다. 그러다 눈을 떴을 때 땀에 흠뻑 젖어 있다.

다행스럽게도 현실 속에서 나는 아직 그런 끔찍한 공포를 느껴 본 적이 없다. 그러나 영화 같은 것을 보자면 지독한 공포에 직면한 인간은 소리도 나오지 않는 모양이다. 역설적으로 표현하자면 소리 나지 않는 소리로 외치고 있는 것일지도 모른다. 어찌되었건 소리 나지 않는 소리도 있다고 생각한다.

그리고 관세음보살은 우리들 중생이 내는 '소리로 나오지 않는 음성'을 관찰하고 계시는 것이다. 그러기 때문에 '관세음보살'이라 불리고 있다.

지금까지 앞 장에서 말한 내용을 요약해보았다. 《관음경》은 고뇌하는 중생의, 소리로 나오지 않는 음성을 관찰하고서 중생을 그 고뇌로부터 구제해주시는 분이 관세음보살이라고 단언하고 있는 것이다.

우리들 중생을 괴롭히는 그 고뇌, 재난은 7난難 즉 일곱 가지 재난이다. 그 일곱 가지 재난을 만났을 때 우리들이 일심으로 관세음보살의 이름을 부르면 관세음보살은 즉각 우리들을 그 재난에서 구제해주신다. 《관음경》은 이렇게 친절하게 일러주고 있다.

일곱이라는 숫자

허공에 걸린 무지개는 몇 가지 색일까?

누구든지 '일곱 색깔'이라고 대답할 것이다. 빨주노초파남보 — 예로부터 그렇게 결정되어 있었고 백과사전에도 그렇게 쓰여 있다.

하지만 무지개 색은 대략 400~720밀리미크론(mμ)의 파장의 연속적 변화이다. 그러므로 그것을 어디에서 나누어도 상관이 없다. 일곱 가지 색으로 나누든지, 열 가지 색으로 나누든지, 네 가지 색으로 나누든지, 어떤 의미에서 자의적恣意的이다. 하지만 일본인은 그것을 일곱 가지로 분류했다. 나는 왜 꼭 일곱 가지로 나누었는지 그 이유를 묻고 싶다.

"…정보처리에 대한 인간의 능력에 관해서는 G. A. 밀러 Miller

가 재미있는 견해를 내놓았다. 그는 인간이 한 번에 어느 정도의 양을 인지(그 양의 한 가지 한 가지가 독립해서 거기에 존재하고 있다고 인식함)할 수 있을 것인지를 연구하다가 일곱이라는 숫자를 생각해냈다. …인간은 대략 일곱 개를 인지 작업량의 한 단위로 해서 정보를 처리하고 있다는 것이 그의 추측이다." (무기지마 후미오〔麥島文夫〕지음,《눈에 보이는 것은 진짜일까目に見えたのはほんものか》, 니혼쇼세키)

무지개는 일곱 색깔. 1주일은 7일. 도레미 음계는 7음. 행운의 숫자 7… 7이라는 숫자는 재미있는 숫자이다. 그리고《관음경》도 7난을 다음과 같이 들고 있다.

① 불의 재난〔火難〕

② 물의 재난〔水難〕

③ 바람의 재난〔風難〕

④ 무기의 재난〔刀杖難〕

⑤ 귀신의 재난〔鬼難〕

⑥ 가쇄의 재난〔枷鎖難〕

⑦ 원수의 재난〔怨賊難〕

우리가 관세음보살의 이름을 부르면 관세음보살은 이들 일곱 가지 재난으로부터 우리를 벗어나게 해주신다는 것이다. 이것이

제2장에서 이야기할 내용이다.

불이 상징하는 것

제일 처음 등장하는 화난, 불의 재난이다.

若有持是觀世音菩薩名者 設入大火 火不能燒
약유지시관세음보살명자 설입대화 화불능소
由是菩薩威神力故
유시보살위신력고

만약 이 관세음보살의 이름을 지닌 자가 있다면 설령 큰불에 들어가더라도 불이 그를 태우지 못할 것이니 이 보살의 위신력으로 말미암기 때문이다.

아무리 생각해도 뾰족한 해답이 나오지 않는다. 일곱 가지 재난 가운데 첫 번째인 '불의 재난'을 어떻게 해석해야 좋을지 모르겠다. 자신이 없어졌다.

특별히 경전 구절이 어려운 것은 아니다. 경은 쉬워도 너무 쉽다. "관세음보살의 이름을 부르는 자는, 즉 '나무관세음보살'이라고 소리 내는 사람은 활활 타오르는 불 속에서도 절대로 타지 않는다. 왜냐하면 관세음보살의 힘이 그에게 내려지기 때문이다."

경은 이런 말을 하고 있다. 이런 정도는 누구라도 알 수 있는 내용이다.

하지만 어렵다. 너무나 어렵다. 정말 이것을 문자 그대로 글자 그대로 읽어도 괜찮을까? 경전은 '불'을 가지고 무엇을 의미하려고 하는 것일까? 혹시 우리 마음속에서 타오르고 있는 번뇌를 '불'로 상징했다고 받아들여야 할까?

이것은 어려운 문제이다.

나는 일단 '불로 분류되는 재난'으로 이해하려고 한다.

다시 말하면, 관세음보살은 모든 재난에서 우리 중생을 구출해 주신다. 그리고 《관음경》은 그 모든 재난을 일곱 가지로 분류했다. 열 가지로도, 스무 가지로도 분류할 수가 있었을 텐데 굳이 《관음경》은 그것을 일곱 가지로 분류했다. 그리고 그 분류에 따라서 해설하고 있다. 그렇다면 '불의 재난'은 그 모든 재난 중에서 '불로 분류되는 재난'을 말한 것이라 할 수 있을 것이다.

카테고리(범주)로서의 화난.

이렇게 말해도 괜찮을지 모르겠다. 물론 불 그 자체의 재난도 있다. 화재나 화상의 경우는 분명히 불에 의한 재난이다.

그렇지만 이것만이 《관음경》에서 말하는 화난은 아니다. 누군가로부터 황산黃酸 세례의 봉변을 당하는 것도 분명 화난이다. 그 재난이 '불'이라는 이미지와 연결된다면 화난이라고 해도 좋을 것이다.

직장에서 동료들로부터 따돌림을 당한다. 차디찬 시선이 퍼부어진다. 이것은 물의 재난(水難)으로 분류할 수 있다.

상사에게서 질책을 집중포화로 받는다. 이것은 불의 재난(火難)이다.

진원지를 알 수 없는 뜬소문에 의해서 기분이 께름칙해진다. 이것은 바람의 재난(風難)이다.

나는 이렇게 생각한다. 불의 재난은 불 그 자체의 재난을 포함해서 불을 상징하는 재난 전체를 말한다고 이해한다면 그리 어렵지 않게 경을 이해할 수 있을 것이다.

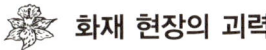 **화재 현장의 괴력**

따라서 불의 재난은 우리 마음속에 있는 분노와 분노에 의한 재난 전부를 포함하고 있다. 우리는 왈칵하고 화를 낼 때 무슨 짓을 저지를지 아무도 모른다. 이성을 잃고 마음의 평정을 잃은 인간의 행동은 야수와 다르지 않다. 짜증이 나서 휘발유를 뿌리고 방화를 하거나 충동적인 성욕으로 여성을 덮친다. 분노와 욕망은 불과 닮았다.

그와 동시에 화재 현장에서 이성을 잃어버린 인간과의 유사점도 생각해볼 만하다.

화재 현장의 괴력이라는 말도 있다. 지진이 일어났을 때 아차 하는 순간에 베개를 들고 도망간다는 이야기도 종종 듣는다. 현금이나 저금통장을 가지고 뛰어나간다면 충분히 이해할 수 있지만 베개를 들고 뛰어나간다면 도저히 칭찬할 수 없다. 하지만 지진이나 화재 현장에서는 판단력을 잃어버려서 아무런 가치가 없는 베개를 가지고 나갈 수도 있을 것이다. 최근에는 때때로 무거운 텔레비전이나 냉장고를 짊어지고 나가는 사람도 있다고 한다. 그 무거운 냉장고를 혼자서 가뿐하게 운반해나간다고 하니 도저히 믿겨지지 않는다.

그런 괴력의 원인은 다음과 같이 설명할 수 있다.

인간의 근육은 근섬유筋纖維라 불리는 가늘고 기다란 세포 다발로 이루어져 있다. 이 근섬유에 신경을 통해서 뇌로부터의 명령이 자극으로 주어지면 수축이 일어나는데 그것이 바로 근육 운동이다. 인간이 물건을 들어올리거나 운반할 수 있는 것도 다 근육 운동 때문이다.

근섬유는 한 사람의 몸속에 약 60억 개가 있다. 그러나 그 60억 개의 근섬유가 항상 활동하고 있는 것은 아니다. 보통은 50퍼센트에서 60퍼센트의 근섬유가 활동하고 있을 뿐이다. 나머지 것은 뇌로부터 억제 명령을 받아서 적당하게 쉬고 있다. 그것이 화재 현장과 같은 비상사태에 직면하면 뇌로부터의 근섬유에 대한 억제 명령이 해제되어 평상시 사용하고 있지 않던 근섬유까지 수축을 시작하게 된다. 이것이 화재 현장의 괴력이라고 불리는 정체다.

화재 현장과 같은 위기 상황에서는 체력은 이처럼 기적적인 괴력을 발휘하기도 하지만 판단력은 상당히 둔해진다. 화재 현장에서 열심히 소화 활동을 하고 있던 어떤 사람은 어처구니없게도 양동이에 물이 한가득 채워지면 그때마다 수도꼭지를 굳이 잠갔다고 한다. 물을 그냥 틀어두어야 하건만 열심히도 수도꼭지를 열었다 잠갔다 했다는 것이다. 그 말을 들었을 때 나도 모르게 웃고 말았다. 사실 웃어서는 안 되는 일이다. 나 또한 그런 곳에 있었다면 아주 똑같이 어리석은 행동을 했을 터이다.

화재 현장에서는 건전한 이성이나 판단력을 잃어버린다. 그렇게 되면 인간은 무엇을 해야 할지 모르게 된다. 그런 재난이 전부 '불로 분류되는 재난'일 것이다.

관세음보살은 그런 재난에서 우리를 구해주신다. 구제를 받으려면 '나무관세음보살'이라고 일심으로 불러야 한다. 그 소리에 관세음보살이 응해주신다.

물에 빠지면 체념해라

다음은 물의 재난이다. 물의 재난에 대해서는 나는 '체념해'라는 것을 말하고 싶다.

하지만 그전에 먼저 《관음경》 본문을 읽기로 하자.

若爲大水所漂 稱其名號 卽得淺處
약 위 대 수 소 표 칭 기 명 호 즉 득 천 처

만약 큰물에 휩쓸릴 때에도 그 명호를 부른다면 곧 얕은 곳에 이르게 될 것이다.

'그 명호'란 당연히 '나무관세음보살'이다. 관세음보살이란 이름을 불러라, 그러면 물에 빠지더라도 곧장 구조될 수 있다는 것이다.

바다에서 조난당했을 때 헤엄을 치면 안 된다고 선원에게서 배운 적이 있다. 헤엄칠 수 있는 사람은 '어떻게든 되겠지…'라고 생각해서 덮어놓고 헤엄치기 시작하는 바람에 대개가 힘이 빠져서 물고기 밥이 된다고 한다. 배가 뒤집혀질 것 같은 태풍이 부는 바다는 수영장과 다르다. 아무리 수영에 자신이 있다고 해도 절대로 헤엄을 쳐서는 안 된다고 한다. 게다가 바다는 넓다. 도저히 섬까지 헤엄쳐서 갈 수는 없는 법이다.

그보다는 튜브라도 붙잡고 끈질기게 구조를 기다리는 편이 낫다. 그러는 편이 살아날 확률이 높다고 한다. 배를 타는 사람이 그렇게 가르쳐주었다.

그렇다면《관음경》이 말하는 대로 '나무관세음보살'이란 칭명이 확실히 기적을 가져다줄 것이다. 그리고 튜브에 매달려 표류하면서 '나무관세음보살, 나무관세음보살'이라고 칭명할 때의 심경은 뭐니 뭐니 해도 '체념'이어야 한다고 나는 생각한다.

체념이라는 말은 현대에는 그다지 좋은 의미로 쓰이고 있지 않다. '발버둥 쳐봤자 소용없으니까 어지간하면 그만둬라'라는 것이 체념의 세간적인 해석이다. 하지만 사실 이 말은 본래 불교 용어이다.

'체념'의 '체'는 한자어로 諦라고 쓰는데 이 글자는 본래 산스크리트어 '사티야satya'를 번역한 말로서 '진실하고 분명한 것', '진리'라는 의미이다. 그것이 나중에 '체념'이라는 뜻으로 쓰이게 되었다.

폭풍우가 휘몰아치는 바다에서는 아무리 인간의 힘으로 헤엄을 쳐봤자 구조될 수 없다는 것을 분명하게 아는 것〔諦〕이 바로 체념이다.

그렇게 체념했을 때 우리는 '나무관세음보살'이라고 칭명할 수 있다. 그 칭명에 의해서 우리는 구제받는 것이다. 만일 구조대가 제 시간에 닿지 못했다고 해도 우리는 안절부절 못하며 고통 속에서 죽어가는 것이 아니라 관세음보살의 이름을 부르면서 편안하게 죽어갈 수 있을 터이다. 이것이 구제이다. 이것이 체념의 가르침이다.

그렇다면 물의 재난도 문자 그대로의 물난리만을 말한다고 할 수는 없다. 예를 들어 밤거리를 돌아다니다가 폭력배와 시비가 붙었을 때도 그것을 물의 재난으로 받아들일 수 있다. 웬만한 싸움에는 자신 있다며 자기도 모르게 불끈 투지를 불태우면서 졸개들을 향해서 덤빌지도 모른다. 그렇지만 폭풍이 이는 바다에서처럼 자기가 반드시 이기리라고는 장담할 수 없다. 차라리 묵묵히 얻어맞고 있는 편이 나을지도 모른다. 체념하고 당하는 것도 물의 재난에서 탈출하는 방법이다. 얻어맞으면서 '나무관세음보살'이라고 칭명을 계속하자. 그러면 반드시 관세음보살이 구제해주실 것이다.

염불하면서 맞아라

폭력에 대해서는 나중에 다룰 기회가 있으리라 생각한다. 예를 들면 무기의 재난〔刀杖難〕·귀신의 재난〔鬼難〕·원수의 재난〔怨賊難〕을 설명할 때 다루는 편이 나을지도 모른다. 하지만 지금 퍼뜩 머리에 떠오르는 것이 있어서 여기에서 말해두려고 한다.

나는 아이들에게 검도 같은 것을 가르칠 생각이 없다. 검도는 사람을 죽이는 기술이 아닌가. 폭력이다. 그런데 불교는 일체의 폭력을 부정하고 있다. 불살생계不殺生戒는 비폭력의 계이다. 죽지 않을 정도로만 두드려 패면 상관없다는 말이 아니다. 나는 불교도로 살아가고 싶기 때문에 내 아이에게는 그런 사람 죽이는 기술, 즉 폭력의 기술을 가르치고 싶지 않다.

최근 중고등학교에서 교내 폭력이 심각한 문제로 대두되고 있다. 교내 폭력이 만연하는 것도 당연하다. 왜냐하면 중학생에게 체육 시간에 검도나 유도 같은 것을 가르치고 있기 때문이다. 문부성이 학생들에게 폭력을 가르치고 권장하고 있으니 학생이 폭력을 휘두르는 것은 당연하다. 폭력을 휘두르지 말라고 가르치고 싶다면 검도나 유도, 가라테와 같은 것을 '악'이라고 가르쳐야 한다.

덧붙이고 싶은 것은, 특히 일본 선종 스님들 중에서 검도를 극구 찬양하는 이가 있다는 사실이다. 그런 사람은 사이비 스님이다. 불교는 절대로 사람 죽이는 것을 찬성하지 않는다. 검선일미劍禪一味라는 시대착오적인 발언을 하는 사람은 결코 불교인이라고 할 수 없다. 그는 폭력단에 얹혀사는 홍보 직원과 다를 바 없다. 나는 그런 사람을 경멸한다.

"하지만 자기 자신을 지킬 필요도 있다. 유도나 가라테는 본래

방어술이다." 이렇게 주장하는 사람도 있는 것 같다. 그렇지만 불교에서는 그런 생각을 옳지 않다고 여긴다. 불교는 설령 방어를 위해서라고 해도 폭력을 부정하고 있다. 내 몸을 지킨다는 생각은 이처럼 육체에 고집하는 것이다. 육체에의 집착이다. 그것은 금전에 집착하는 것과 기본적으로 같다. 몸을 지키겠다고 생각하고 있으면 어느 결에 공격적이 된다. 폭력적인 사고가 몸에 붙어버리는 것이다.

나는 아이들에게 "몸을 지키겠다는 생각은 하지 마라!"라고 가르친다. "그렇다면 악한 사람이 나를 죽이려 들어도 괜찮다는 말인가?!" 이렇게 아이들은 반문할지도 모른다. 아니, 이런 반문이 나오기 전에 나는 아이들에게 말한다.

"폭력을 만났을 때는 볼썽사나워도 상관없으니 '제발 살려주십시오. 용서해주십시오. 때리지 말아주십시오. 죽이지 말아주십시오'라고 눈물을 흘리며 빌어라."

이렇게 나는 머리를 조아리고 넙죽 엎드려 간절히 애원하면서 마음속으로 염불을 하라고 가르친다.

염불이란 것은 '나무아미타불'이다. '나무'란 인도 산스크리트어 나마스를 음사한 말로, '귀의하다', '귀명하다'라는 의미다.

아미타불은 서방 극락정토의 교주이다. '아미타불에게 귀의합니다'라고 소리내어 하는 말이 '나무아미타불'이다. 이것은 '부처'에게 귀의하는 것이다.

    선종 사람들은 아미타불보다도 석가모니불을 믿고 있다. 그러므로 선종 사람들은 보통은 '나무석가모니불'이라고 염불한다. 이 또한 '부처'에게 귀의하는 말이다.

    상대가 때리려 든다면 하는 수 없다. 염불을 외면서 맞는 수밖에. 이것이 진정한 용기라고 나는 생각한다.

한 사람에 의해서 만인이…

    다음은 바람의 재난이다. 바람의 재난에 대해서 《관음경》은 다음과 같이 말하고 있다.

若有百千萬億衆生 爲求金銀 琉璃 硨磲 碼瑙 珊瑚 琥珀
약유백천만억중생 위구금은 유리 자거 마노 산호 호박
眞珠等寶 入於大海 假使黑風 吹其船舫 飄墮羅刹鬼國
진주등보 입어대해 가사흑풍 취기선방 표타나찰귀국

제2장 일곱 가지 재난

其中若有乃至一人稱觀世音菩薩名者 是諸人等
기중약유내지일인칭관세음보살명자 시제인등
皆得解脫羅刹之難 以是因緣 名觀世音
개득해탈나찰지난 이시인연 명관세음

만약 백천만억의 중생이 있어서 금은, 유리, 자거, 마노, 산호, 호박, 진주 등의 보물을 구하려고 대해에 들어갔는데 설령 흑풍이 배에 불어와서 표류하다 나찰귀 나라에 닿게 되었더라도, 그 가운데 한 사람만이라도 관세음보살의 이름을 부르는 자가 있다면, 이 모든 사람들이 전부 나찰의 난을 해탈할 수 있으리라. 이런 인연으로써 '관세음'이라고 이름한다.

이것은 아마 해상무역에 종사하고 있는 상인에게 들려주는 말일 것이다. 금은·유리(칠보 가운데 하나. 파란색의 보석)·자거(인도산 조개. 껍데기는 흰색이고 표면에 파도 무늬가 있으며 칠보 가운데 하나로 장신구로 쓰이고 있다)·마노·산호·호박·진주 등을 구하러 항해에 나섰다. 그렇지만 흑풍 때문에 배는 표류하게 된다. 흑풍이란 모래먼지를 휘말아 올려서 햇빛을 가리는 회오리바람이다. '흑풍백우黑風白雨'라는 말도 있는 것 같다. 해상에서 모래바람을 만난다니 좀 이상하기도 하지만 이것은 폭풍을 비유한 말로 이해하면 된다. 이런 흑풍에 의한 재난이기 때문에 바람의 재난이라 부른다. 그런데 배는 나찰귀국에 흘러가므로 이것을 '나찰의 난', '귀난鬼難'이라고도 할 수 있다. 《관음경》은 사실 이것을 '나찰지난羅刹之難'이라고 부르고 있다. 하지만 '귀난'은 별도로 등장하고 있다. 헷갈리기 쉬우므로 전통적으로 이렇게 불러왔던 것 같으며 간단하게 '바람의 재난'이라 해두자.

한편, 이런 바람의 재난을 당했을 때 배에 있던 사람 중 한 사람이라도 '나무관세음보살'이라고 부르는 자가 있다면 관세음보살은 즉시 전원을 구조해주신다고 한다. 이런 보살이기 때문에 '관세음'이라 불리는 것이다. 이것이 《관음경》에서 말하고 있는 내용이다.

그런데 참 흥미로운 점은, 관세음보살을 염하고 칭하는 사람은 한 사람으로 족하다는 것이다. 전원이 입을 모아 관세음보살의 구조를 요청하면 더 좋겠지만 반드시 전원이 아니라도 상관없다. 당신 혼자라도 충분하다. 그러면 전원이 구조받는다. '나무관세음보살'을 부른 사람만 구제되는 것이 아니라는 말이다.

그런데 인간이란 욕심이 있어서 자기 본위의 생각을 하는 경향이 있다. 내가 부른 '나무관세음보살'이니 나만 구제받아야 한다, 나의 칭명으로 다른 사람이 구제받는 것은 당치 않다, 라고 생각하기 시작한다. 이런 이기적인 생각이 있으면 결국에는 칭명도 할 수 없게 되는데 안타깝게도 인간은 이렇게 생각해버리고 만다.

가령 회사가 도산할 때도 이렇게 생각할 수 있다. 사장 입장에선 자기가 죽을 고생을 다해서 빈둥거리는 사원, 월급 도둑 같은 사원까지 구제해준다고 생각하면 굉장히 억울할 것이다. 하지만 이런 생각이 일어나기 시작하면 결코 경영 위기를 극복할 수 없게 된다. 회사 전직원을 구제해주겠다는 원願이 있어야만 진실한 '나무관세음'이 되는 것이다. 무심히 등장하는 《관음경》의 다음 구절도 이런 식으로 읽는다면 시사하는 바가 상당히 크지 않을까 생각한다.

是諸人等 皆得解脫羅刹之難
시 제 인 등 개 득 해 탈 나 찰 지 난

이 모든 사람들이 전부 나찰의 난을 해탈할 수 있으리라.

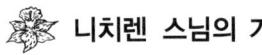 **니치렌 스님의 기적**

일곱 가지 재난 중에서 처음 세 가지 재난에 상당한 지면을 할애하고 말았다. 하지만 처음 부분을 진지하게 읽고서 이런 사고방식에 익숙해지고 나면 뒤의 내용은 부드럽게 읽힐 것이다. 이런 독

서법이 꽤 효율적이다.

일곱 가지 재난 가운데 네 번째는 '무기의 재난'이다.

若復有人 臨當被害 稱觀世音菩薩名者 彼所執刀杖
약부유인 임당피해 칭관세음보살명자 피소집도장
尋段段壞 而得解脫
심단단괴 이득해탈

만일 또 어떤 사람이 막 해침을 당하려 할 때 관세음보살의 이름을 부른다면, 그가 손에 든 칼이나 막대기는 이내 조각조각 부서져서 벗어날 수 있으리라.

이 무기의 재난에 대해서는 역시 일본의 니치렌〔日蓮〕 스님과 연결해서 말하지 않을 수 없다.

니치렌 스님이 염불방법念佛謗法 때문에 타츠노구치 형장에서 막 참수당하려 할 때였다. 그런데 집행관이 칼을 휘둘렀을 때 바다에서 찬란한 빛이 그의 눈을 찔러서 끝내 스님의 목을 벨 수가 없었다고 한다. 《법화경》 행자行者였던 니치렌 스님에게 일어난 기적 이야기다.

최근에는 이런 기적을 부정하는 학자가 많다. 승려의 신성성은 당시에 절대적이었으며, 따라서 가마쿠라〔鎌倉〕 막부의 권력자들이 출가자의 목을 베는 일은 상상할 수 없다는 것이 그 이유이다. 그럴지도 모르겠다.

하지만 문자 그대로 '칼이 꺾였다'고 하는 사실史實은 없었다고 하더라도 이에 준하는 기적이 있었던 것은 충분히 생각해볼 만하다. 무엇보다도 니치렌 스님 자신이《법화경》《관음경》의 보호를 받고 있다고 믿고 있었던 사실이 그렇다. 이것이 기적이며, 이것이야말로 기적인 것이다. 이렇게 읽어나간다면 타츠노구치 형장에서 일어난 사건은《관음경》의 위대한 기적이 된다. 기적을 부정해야만 현대적인 사고방식이라는 법은 없다.

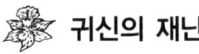 **귀신의 재난**

다음은 귀신의 재난이다.

若三千大千國土 滿中夜叉羅刹 欲來惱人 聞其稱觀世音菩薩名者
약삼천대천국토 만중야차나찰 욕래뇌인 문기칭관세음보살명자
是諸惡鬼 尙不能以 惡眼視之 況復加害
시제악귀 상불능이 악안시지 황부가해

만일 삼천대천국토에 가득 찬 야차, 나찰이 몰려와서 사람을 괴롭히려고 할 때 저 관세음보살의 이름을 부르는 자를 들으면 이 모든 악귀들도, 악한 눈으로 그를 볼 수 없을 것이니 하물며 해를 가하겠는가.

'삼천대천국토'는 '삼천세계'라고도 한다. 비교적 널리 알려진 말이다. 그런데 삼천세계는 보통 말하는 '천의 세 배'가 아니다. 불교 용어로 이것은 '천의 삼승三乘'이다.

고대 인도인은 우리가 사는 이 세계 중앙에 수미산이라는 어마어마하게 높은 산이 있다고 상상했다. 이 수미산을 중심으로 사대주가 있고, 그 섬 가운데 한곳에 우리들 인간이 살고 있다. 이 수미산을 중심으로 하는 세계가 하나의 소세계小世界이다. 그리고 이 소세계가 천 개 모여서 소천세계小千世界가 만들어진다. 나아가 소천세계가 천 개 모이면 중천세계中千世界가 되고, 중천세계가 천 개 모여서 대천세계大千世界가 만들어진다.

이 대천세계는 천을 세 차례 모은 것이기 때문에 '삼천대천세계' 또는 '삼천세계'라고 한다. 다시 말해서 천의 삼승이란 뜻으로, 십억이라는 숫자가 된다. '삼천대천국토'란 이런 너비를 가진 국토이며, 이 삼천대천세계는 한 분의 부처가 교화하는 경계이다.

아미타불이건 약사불이건 부처는 저마다 각각의 삼천대천세계를 담당하고 계신다.

다음으로 '야차'와 '나찰'을 설명하자면, 이 둘은 똑같이 악귀로서 그다지 엄격하게 구분되지 않는다. 굳이 나누자면 이렇게 정의를 내릴 수 있겠다.

야차 : 폭력을 휘두르는 악귀.

나찰 : 사람을 죽여서 그 살점을 먹는 악귀.

어찌되었거나 이 세상에는 귀신이 가득 차 있다. 관세음보살은 우리를 이런 귀신의 위험에서 구제해주신다. 고마운 일이다.

"귀신은 바로 내 마음속에 있다"고 말하듯이 귀신을 좀더 내면적인 것으로 해석할 수도 있다. 그러나 이 일곱 가지 재난은 분명히 외부에서 벌어지고 있는 재난을 말하고 있다. 그러니 속 편하게 악귀-귀신 같은 못된 사람들이라고 이해하기로 하자. 어디 내면적인 귀신뿐이겠는가. 사실 세상에는 귀신이 너무나도 우글거리고 있지 않는가. 선량한 시민을 공격하는 폭력배들이나 자기 잘못과 부정에는 슬쩍 눈을 감고 봉급쟁이들로부터 혈세를 짜내는 정치인 집단들, 이런 자들이 바로 귀신인 것이다.

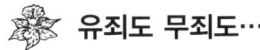 유죄도 무죄도…

다음으로 넘어가자.

設復有人 若有罪 若無罪 杻械枷鎖 檢繫其身
설부유인 약유죄 약무죄 추계가쇄 검격기신
稱觀世音菩薩名者 皆悉斷壞 卽得解脫
칭관세음보살명자 개실단괴 즉득해탈

설령 또 어떤 사람이 죄가 있거나 죄가 없더라도 추계가쇄에 그 몸이 묶였을 때에 관세음보살의 이름을 부르면 모두 전부 부서져서 곧 해탈할 수 있으리라.

추계가쇄杻械枷鎖란 죄인을 옴짝달싹하지 못하게 묶는 형구刑具이다. 추杻는 수갑, 계械는 차꼬〔足枷, 발에 채우는 형틀〕, 가枷는 칼(목에 채우는 형틀), 그리고 쇄鎖는 몸을 묶는 사슬이다. 이런 형틀도 관세음보살의 이름을 부르면 곧장 부서져버린다는 것이다.

눈여겨봐야 할 것이 있는데 바로 '약유죄 약무죄'이다. 이것을 읽고서 "죄 없는 사람이 구제받는 것은 당연하지만 죄를 저지른 인간까지 구제받는 것은 말도 안 된다"라고 투덜대는 사람이 있을지도 모르겠다. 그렇지만 이것은 부처님의 자비, 관세음보살의 자비가 널리 일체중생에게 미친다는 점을 알지 못하는 사람의 짧은 생각이다.

관세음보살이 구제하는 이유는 그가 선량한 사람이기 때문이 아니다. 부처나 관세음보살의 자비는 선악을 초월해서 일체중생에게 미친다. 우리가 상대적인 선악에 얽매여 있는 한, 부처의 자비는 알지 못한다. 그러므로 신란〔親鸞〕성인은 《탄이초歎異抄》속에서 이렇게 말하고 있다.

"선인도 왕생을 하거늘 하물며 악인이겠느냐."

선량한 사람이 극락왕생할 수 있으니 하물며 악한 사람이 왕생할 수 있는 것은 명명백백한 일이라는 것이다. 아미타불의 자비가 선량한 사람이나 악한 사람을 초월해서 모든 중생에게 미친다는 점을 역설적으로 말하는 것이다.

그런데 여기에서 한 걸음 더 나아가 《관음경》에는 '죄인'을 언급하고 있다.

죄인이란 정치권력이 제멋대로 만들어낸 것이다. 시대가 달라지고 나라가 다르면 죄의 기준도 달라진다. 쉽게 말해 미국과 영국에서 당당히 팔리고 있는 포르노물들이 일본에서는 금지되고 있으며 그것을 팔면 죄가 된다. 똑같은 기관사라 해도 국철의 기관사는 파업을 일으킬 수 없고 파업하면 죄가 된다고 하는 희한한 세상이다. 그런 세상의 구구한 기준에 관세음보살이 동조할 수는 없다. 너는 일본사람이니 도와줄 필요 없고, 영국인이면 무죄니까 도와준다…라고, 설마 관세음보살이 이렇게 생각하실까?

그러므로 우리 또한 무죄 유죄에 얽매여서는 안 된다. 혹시라도 죄를 저지른 사람은 구제해줄 필요가 없다고 생각한다면 이런 사람은 결코 불교인이 될 수 없다. 이런 사람은 수라修羅 세계에 떨어질 것이다. 수라는 인색하기 짝이 없는 정의正義에 얽매여서 타인을 지독하게 괴롭히지 않으면 안심하지 못하는 존재이다. 일종의 귀신인 셈이다.

若有罪 若無罪…
약 유 죄   약 무 죄

만일 죄가 있거나 죄가 없어도…

이 이치를 알았을 때 《관음경》의 참뜻을 이해할 수 있을 것이다.

 **원수의 재난**

일곱 가지 재난 중에서 마지막은 '원수의 재난'이다.

若三千大千國土 滿中怨賊 有一商主 將諸商人 齎持重寶
약삼천대천국토 만중원적 유일상주 장제상인 재지중보
經過險路 其中一人 作是唱言 諸善男子 勿得恐怖 汝等應當
경과험로 기중일인 작시창언 제선남자 물득공포 여등응당
一心稱觀世音菩薩名號 是菩薩 能以無畏 施於衆生
일심칭관세음보살명호 시보살 능이무외 시어중생
汝等若稱名者 於此怨賊 當得解脫 衆商人聞 俱發聲言
여등약칭명자 어차원적 당득해탈 중상인문 구발성언
南無觀世音菩薩 稱其名故 卽得解脫
나무관세음보살 칭기명고 즉득해탈

만일 삼천대천국토에 가득 찬 원적들이 있는데 상인의 우두머리 한 사람이 여러 상인들을 거느리고 값나가는 보물을 싣고서 험한 길을 지나갈 때 그 중의 한 사람이 이렇게 소리내어 말을 한다. "여러 선남자들이여, 두려워하지 마시오. 그대들은 이제 일심으로 관세음보살의 명호를 불러야 하오. 이 보살은 능히 무외를 중생에게 베푸시는 분이오. 그대들이 만약 이 이름을 부른다면 이 원적들에게서 반드시 벗어날 수 있을 것이오"라고. 여러 상인들이 이 말을 듣고 모두 함께 소리내어 "나무관세음보살"이라고 외쳤다. 그 이름을 부른 까닭에 곧 해탈할 수 있게 되느니라.

바람의 재난을 설명하는 곳에서는 배에 탄 누군가 한 사람이 '나무관세음보살'을 부르면 전원이 구제받았다. 상황은 비슷한데 여기에서는 한 사람의 제안에 의해서 전원이 칭명하는 것이다. 이런 점이 조금 다르다.

지금의 경우는 상대방이 강도이다. 강도에게서 벗어나려면 역시나 전원 모두 협력하고 화합해야 한다. 칭명은 그런 화합을 불러온다.

경전의 구절들은 아무렇게나 쓰여 있는 것처럼 보이지만 곰곰이 짚어가며 읽어나가야 할 내용들로 가득 차 있다.

게다가 《관음경》(《법화경》)은 매우 뛰어난 문학작품이기도 하다.

일곱 가지 재난은 이상과 같다. 그리고 《관음경》은 다음과 같이 결론을 덧붙이고 있다.

無盡意 觀世音菩薩摩訶薩 威神之力 巍巍如是
무진의 관세음보살마하살 위신지력 외외여시

무진의,여, 이처럼 관세음보살마하살의 위신력은 매우 크다.

'무진의여'라고 부르신 분은 석가모니이다. 《관음경》은 "관세음보살에게는 어떻게 '관세음'이라는 이름이 붙은 것입니까?"라는 무진의보살의 질문에 석가모니가 대답하신 것이다. 석가모니는 관세음보살을 칭명하면 우리는 일곱 가지 재난에서 벗어날 수 있다고 설명하신 뒤에 일단락을 지으면서 '무진의여'라고 이름을 부르셨다.

"관세음보살의 위력과 신력神力의 위대함은 이처럼 아주 크단다."

외외巍巍라는 말은 산이 높이 우뚝 솟은 모습을 형용한 말이다. 산처럼 높고 위대한 힘을 가지고 계신 분이 우리의 관세음보살이다.

그리고 '보살마하살'이라고 하였는데 '마하摩訶'는 산스크리트어 '마하'의 음사어로서, '크다(大)'의 의미이다. 따라서 '마하(보)살'이란 '대보살大菩薩'을 말하며 관세음보살을 존경하여 이렇게 부른다.

일곱 가지 재난으로부터 우리 중생을 구제해주시는 위대한 보살. 이분이 관세음보살이다. 하지만 관세음보살의 힘은 이뿐만이 아니다. 《관음경》은 이어서 관세음보살의 힘을 들려주고 있다. 장을 달리해서 읽어나가기로 하자.

제3장
내 마음속의 삼독

― 만약 어떤 중생이 음욕婬欲이 많더라도 언제나 관세음보살을 생각하고 공경하면 곧 음욕을 떠날 수 있으리라. 만약 진에瞋恚가 많더라도 언제나 관세음보살을 생각하고 공경하면 곧 성냄을 떠날 수 있으리라. 만약 우치愚癡가 많더라도 언제나 관세음보살을 생각하고 공경하면 곧 어리석음을 떠날 수 있으리라. 무진의여, 관세음보살은 이와 같은 큰 위신력을 지니고 있어서 이로운 바가 많다. 이런 까닭에 중생은 언제나 마음으로 생각해야만 한다.

내 마음속의 부처와 귀신

"귀신은 바로 내 마음속에 있다."

앞에서 나는 이런 말을 했다. 하지만 앞에서는 우리가 이 인생에서 만나는 외면적·물리적인 재난에 대해서 기술한 것이다. 이 장의 테마는 내면적·심리적인 문제이다.

그런데 "귀신은 바로 내 마음속에 있다"는 이 말은 확실히 진실이기는 하지만 정작 하고 싶은 말의 반밖에는 표현하고 있지 않다. 숨어 있는 나머지 반을 말하기 위해서는 서둘러 이렇게 말해야만 한다.

"내 마음속에 부처가 산다"라고.

이 말까지 덧붙여야만 진실한 말이 된다.

교겐〔狂言, 일본 전통 연극의 일종. 또는 가부키의 줄거리 : 역주〕〈츠키미자도우〔月見座頭〕〉를 예로 들어보겠다. 이 교겐에는 해학이 넘치는 연출 이면에 우리의 가슴을 철렁하게 만드는 뭔가가 들어 있다.

시모교〔下京 : 교토 남부〕에 사는 맹인이 8월 보름날 밤에 보름달맞이를 하면서 즐거워하고 있다. 이곳으로 가미교〔上京〕 사람이 다가온다. 앞을 보지 못함에도 불구하고 달맞이를 즐기고 있으니 참으로 운치가 있다며 가미교 사람은 맹인을 치켜세우면서 술을 권한다. 두 사람은 허심탄회하게 이야기를 나눈 뒤에 헤어졌다.

그런데 헤어지자마자 가미교의 남자에게 짓궂은 생각이 일어났던 모양이다. 남자는 전혀 다른 사람인 척하면서 목소리를 바꾸어 맹인을 심하게 조롱했다. 심지어 맹인을 거칠게 떠밀고 호되게 괴롭혔다.

그러자 맹인이 투덜댔다.

"아, 세상에는 참 비정한 인간도 있네. 정말이지 이 녀석은 앞서 만났던 그 사람에 비해서 무정하기 짝이 없구나."

아시다시피 비정한 놈은 앞서 헤어졌던 남자와 같은 인물이다. 어쩌면 동일한 인물이 이토록 쉽게 변할 수 있을까 싶을 정도로 우리 마음은 쉽게 옮겨다닌다. 교겐은 이것을 표현한 것이다.

심경의 변화 즉 마음이 변한다기보다는 차라리 우리 마음속에 부처와 귀신이 함께 살고 있다고 말하는 편이 나을지도 모르겠다. 아니, 부처와 귀신뿐만이 아니다. 내 마음속에는 수라가 살고 있고, 야수가 살고 있고, 뱀이 살고 있고, 그리고 기쁘게도 보살도 살고 있다. 이것이 인간이다.

그러므로 인간은 기가 막힐 정도로 행동이 엉망진창이다. 선량한 사람이 악한 짓을 하고, 악한 사람이 착한 일을 한다. 이럴 때마다 우리는 '저 사람이…?'라며 놀라지만 사실 선인도 악인도 없다. 그때그때 우리 마음속에 살고 있는 부처가 움직이거나 악귀가 움직이는 것일 뿐. 그리고 그것이 인간 존재인 것을…

탐욕

그런데 불교에서는 내 마음속에 있는 귀신을 '번뇌'라고 부른다. 번뇌란 망념妄念이다. 마음을 어지럽히는 것이다. 번뇌 중에서도 특히 기본적인 세 가지는 '삼독三毒'이라 부른다. 선근善根에 해롭기 때문에 '독'이라 부른다. 삼독은 다음과 같다.

첫째, 탐욕貪欲 : 욕심

둘째, 진에瞋恚 : 성냄

셋째, 우치愚癡 : 어리석음

우리 마음속에 이와 같은 삼독이 고개를 빳빳하게 쳐들고 있을 때 우리는 대체 어찌하면 좋을까? 그때는 '나무관세음보살'이라고 칭명하면 좋다는 것이다. 《관음경》은 이렇게 가르치고 있다.

먼저, '탐욕'을 말한다.

若有衆生 多於婬欲 常念恭敬 觀世音菩薩 便得離欲
약유중생 다어음욕 상념공경 관세음보살 변득이욕

만약 어떤 중생이 음욕이 많더라도 언제나 관세음보살을 생각하고 공경하면 곧 음욕을 떠날 수 있으리라.

　　탐·진·치 삼독이라고 한다. 보통 '탐욕'을 삼독의 첫 번째로 들고 있는데《관음경》은 '음욕'을 말하고 있다. 음욕이란 성적인 욕망이다. 이른바 '식욕과 색욕과 수면욕' 중에서 '색욕'이다. 탐욕과 음욕은 그 내용이 조금 다르게 느껴지지만 실은 둘 다 욕망이라는 점에 차이가 없으므로 같이 거론해도 괜찮을 것이다. 욕망이 너무 강해지면 관세음보살을 생각하라. 그렇게 하면 우리는 욕망을 벗어날 수가 있다. 이렇게《관음경》은 일러주고 있다.

　　'나무관세음보살'을 칭명하면 어떻게 탐욕 또는 음욕을 벗어날 수 있다는 말일까? 이것은 칭명이 우리 마음의 집착을 풀어주기 때문이 아닐까 싶다. 욕망으로 팽팽하게 긴장해 있던 마음도 어느 한 순간이나마 긴장이 풀어지면 의외로 냉정해질 수 있다. 칭명은 그런 진정鎭靜 역할을 해주는 것인지도 모르겠다.

하지만 어떻게 분석하든지 상관없다. 욕망의 불길이 타오를 때에는 경전을 믿고 칭명하면 그만이다. 경전은 석가모니의 가르침이기 때문에 거짓말을 하지 않는다. 우리는 그것을 믿으면 된다. 쓸데없는 천착穿鑿은 오히려 신앙을 왜곡시켜버린다.

춘화와 칭명

성내는 마음이 일어났을 때도 조용히 관세음보살을 염하라!《관음경》은 이렇게 가르치고 있다. 삼독의 두 번째는 진에 즉 성냄이다.

若多瞋恚 常念恭敬 觀世音菩薩 便得離瞋
약다진에 상념공경 관세음보살 변득이진

만약 진에가 많더라도 언제나 관세음보살을 생각하고 공경하면 즉 성냄을 떠날 수 있으리라.

일본에서는 춘화(春畵, 포르노그라피)를 가리켜 '와라이에〔笑繪,

익살스런 그림〕'라고 부른다. 이런 이름이 붙여진 데는 일본의 에도〔江戶〕 시대 무사에게 특별한 효용이 있었기 때문인 것 같다.

"춘화를 무기 저장고에 넣어두면 홧김에 무기를 꺼내려고 들어갔을 때 싫어도 춘화를 보게 된다. 그러면 이내 관심이 옮겨가서 사람을 해치려는 마음이 사라져버린다."(히구치 기요기〔樋口淸之〕 지음,《성과 일본인性と日本人》)

관심이 춘화로 옮겨가기보다는 긴장해 있던 분노의 감정이 한순간에 풀리는 것이다. '어?!' 하는 마음이 들면 긴장이 탁 풀어진다. 그러다가 분노가 다시 타오르는 경우도 있겠지만 이미 그 분노의 열기는 식어버렸다. 이것이 춘화의 효용이다. 아주 짧은 순간이라도 좋으니 마음을 밖으로 돌리는 것이다. 이것이 분노를 잠재우는 최상의 방책이다.

하지만 우리가 춘화를 품고 돌아다닐 수는 없다. 그랬다가는 오해받기 십상이다.

그런데 춘화보다 훨씬 효용이 큰 것이 있다. 더구나 언제라도 지니고 다닐 수가 있는 것이다. 그것은 '나무관세음보살'이라는 칭명이다. 마음에 분노가 생기면 우리는 그 칭명을 끄집어내어서 일심으로 부르면 된다. 그렇게 하면 반드시 분노를 가라앉힐 수 있을 것이다. 칭명에는 그런 힘이 있다.

🪷 일곱 명의 무사 이야기

삼독의 마지막은 우치 즉 어리석음이다.

若多愚癡 常念恭敬 觀世音菩薩 便得離癡
약다우치　상념공경　관세음보살　변득이치

만약 우치가 많더라도 언제나 관세음보살을 생각하고 공경하면 곧 어리석음을 떠날 수 있으리라.

어리석음이 꼭 지식이나 교양, 지혜가 없는 것을 말하지는 않는다. 세간적인 의미에서는 충분히 교육을 받은 사람이 인생의 여러 가지 일에 어리석고 좌절을 하며 우둔한 행동을 해버리는 경우가 있다. 그것은 바로 사물을 일방적으로 자기 본위로만 바라보기 때문이 아닐까 한다.

일곱 명의 무사가 요새에 갇혀 있다. 적들에게 붙잡히면 일곱 사람 모두 죽게 될 것이 뻔하다. 이런 사실을 알고 있기 때문에 그들은 일심단결하여 싸우고 있다. 필사의 각오로 저항하고 있다. 그래서 적들도 쉽게 접근하지 못하고 있다.

그때 적진에서 이렇게 외쳤다.

"그대들 중 한 사람은 살려주라고 대장께서 배려하셨다."

이렇게 외치고 나서 적들은 다시 한 번 성채를 향해 돌격했다. 어찌된 일인지 이번에는 일곱 무사들의 저항이 거의 없었다. 비교적 수월하게 전원을 생포했다.

이해할 만하다.

누군가 한 사람을 살려주겠노라는 말을 듣는 순간 일곱 사람 모두 그 대상은 자기라고 생각했던 것이다. 요컨대 사람은 그만큼 자기 본위이다. 자기중심적이다.

결국 우리는 사물을 있는 그대로 볼 수가 없다. 그만큼 인간은 어리석다.

🌸 있는 그대로 본다

'여실지견如實知見'이라는 말이 있다. 있는 그대로〔如實〕 사물을 알고 보는 것이다. 이럴 수 있다면 우리는 깨달음을 열게 된다. 따라서 이럴 수 있도록 열심히 수행해야 한다.

하지만 사물을 있는 그대로 보는 일(여실지견)은 간단한 것 같지만 사실 어렵다. 내 아이가 울어대면 엄마는 걱정이 되어 그 원인을 찾으려고 애를 쓴다. 배가 고픈 걸까, 기저귀에 가시 같은 것이라도 있는 걸까… 하지만 그 아이가 남의 아이라면 그리 신경을 쓰지 않는다. '저 아이는 꽤나 신경질적이네…' 이렇게 생각할 뿐이다. 그리고 이것으로 끝이다.

때로 자기 자식에게조차 엄마는 매정한 눈길을 던지기도 한다. '엄마는 지금 피곤하단 말야. 좀 얌전히 있으면 안 되겠니?' 아빠는 더 심하다. 내게도 이런 경험이 있다. 자기 기분에 따라서 아이를 보는 눈이 달라진다.

또한 아이의 기저귀는 기쁘게 갈아주면서도 함께 살고 있는 시어머니의 기저귀가 젖으면 그렇지 않다. 보통 사람들은 마지못해 억지로 갈아준다. 똑같은 기저귀인데도 그만큼 다르다. 사물을 있는 그대로 보는 일이란 어쩌면 범부에게는 불가능할지도 모른다.

이제 관세음보살의 다른 이름을 생각해보자.

앞서 제1장에서 말했지만 관세음보살의 정식 이름은 다음 두 가지가 있었다.

관세음보살 : 《관음경》(《법화경》)에서의 호칭.

관자재보살 : 《반야심경》에서의 호칭.

그리고 '관자재보살'이라는 이름의 뜻은 '사물을 자유자재하게 관찰할 수 있는 보살', 다시 말하면 '사물을 있는 그대로 볼 수 있는 보살'이다. 다시 말하면 '여실지견'이다.

그렇다면 어째서 관자재보살은 사물을 있는 그대로 보실 수 있게 되었을까?

《반야심경》에서는 그 비밀을 '공空'이라는 말로 설명하고 있다. 관자재보살은 '공'의 입장에 서서 사물을 바라보고 있기 때문에 있는 그대로 관찰하실 수 있다는 설명이다.

공이란 구애받지 않는 것이다. 나는 이렇게 생각한다.

내 아이, 남의 아이다는 사실에 구애받지 않고 모든 아이를 자유롭게 바라보게 된다면 살아 있는 모든 아이들이 전부 그대로 사랑스러운 부처님의 아이다. 이렇게 바라볼 수 있는 것이 공의 입장이다.

우리들 범부로서는 상당히 어렵겠지만 공의 입장을 충분히 깨닫고 몸으로 실천한 관세음보살에게는 가능하신 일이다. 그러기 때문에 관세음보살은 '관자재'하신 부처님인 것이다.

미혹에 빠졌을 때 관세음보살을 기억하면 된다. 우리는 범부이기 때문에 절대로 사물을 있는 그대로 바라볼 수 없지만 관세음보살은 저 맑은 눈으로 사물을 있는 그대로 보고 계시다.

지금 우리를 괴롭히고 있는 문제가 대체 저 관세음보살의 눈에는 어떻게 비춰지고 있을까? 이렇게 생각해보는 것도 좋을 것이다. 이것이 《관음경》의 다음 문장에서 말하고 있는 의미다.

若多愚癡 常念恭敬 觀世音菩薩 便得離癡
약다우치 상념공경 관세음보살 변득이치

만약 우치가 많더라도 언제나 관세음보살을 생각하고 공경하면 즉 어리석음을 떠날 수 있으리라.

어리석은 범부도 관세음보살을 생각함으로써 미혹을 벗어날 수 있다고 《관음경》은 가르치고 있다.

🪷 언제나 마음으로 생각해야 한다

이상으로 탐(貪, 욕심)·진(瞋, 성냄)·치(癡, 어리석음) 삼독에 대한 설명은 끝났다. 《관음경》은 바로 이어서 다음과 같이 앞의 내용을 총정리한다.

'무진의여'라는 부름은 제2장에서처럼 석가모니가 설법의 상대인 무진의보살에게 말을 거시는 것이다.

無盡意 觀世音菩薩 有如是等 大威神力 多所饒益
무진의 관세음보살 유여시등 대위신력 다소요익
是故衆生 常應心念
시고중생 상응심념

무진의여, 관세음보살은 이와 같은 큰 위신력을 지니고 있어서 이로운 바가 많다. 이런 까닭에 중생은 언제나 마음으로 생각해야만 한다.

"무진의보살이여, 이처럼 관세음보살의 힘은 뛰어나며, 요익(饒益, 남에게 이익을 주는 일)하는 바가 크다. 그러므로 중생은 언제나 관세음보살을 한마음으로 생각해야 한다."

　석가모니는 이렇게 말씀하고 계신다. 이것이 《관음경》의 삼독의 결론이다.

제4장
성性을 뛰어넘은 존재

― 만약 어떤 여인이 아들 낳기를 원하여 관세음보살을 예배하고 공양한다면 이내 복덕과 지혜를 갖춘 아들을 낳을 것이다. 만약 딸 낳기를 원한다면 곧 단정하고 보기 좋은 딸을 낳되 옛날에 덕의 근본을 심어서 뭇사람들에게 사랑과 공경을 받는 그런 딸을 낳을 것이다. 무진의여, 관세음보살은 이와 같은 힘이 있다. 만약 어떤 중생이 관세음보살을 공경하고 예배한다면 복은 헛되지 않을 것이다. 이런 까닭에 중생은 모두가 관세음보살의 이름을 지녀야 한다.

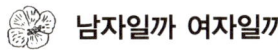 **남자일까 여자일까**

퀴즈를 내려고 한다.

문제… 관세음보살은 남자일까, 여자일까?

a. 물론 남자이다. 왜냐하면 부처님은 전부 남자로 정해져 있기 때문이다. 이건 상식이다.

b. 여자이다. 불상을 보면 알 수 있지 않은가. 관세음보살은 부드러운 얼굴을 하고 계시다. 게다가 한 번 안아보고 싶은 마음이 들 정도의 풍만한 몸매를 갖춘 관세음보살상도 있다. 그런데도 여자가 아니라고 한다면 그런 말을 하는 사람이 오히려 이상하다.

c. 여자도 남자도 아니다. 굳이 말하자면 중성이라고 해야겠지만 그보다는 성性을 초월해 있는 존재라고 말하는 편이 옳을 것이다.

자, 독자 여러분은 이 세 가지 중 어느 답을 선택하실 것인가!

경전을 설명해나가다 갑자기 퀴즈를 낸 이유는 지금부터 읽으려고 하는 《관음경》 본문에 아들이나 딸이라는 말이 거론되어 있기 때문이다. 그렇지만 그에 앞서 미리《관음경》본문을 읽어두고자 한다. 그리고 나서 천천히 퀴즈를 즐기기로 한다.

이 장의《관음경》본문은 정리가 잘되어 있기 때문에 전문을 단숨에 해설할 수 있을 것 같다.

若有女人 設欲求男 禮拜供養 觀世音菩薩 便生福德智慧之男
약유여인 설욕구남 예배공양 관세음보살 변생복덕지혜지남
設欲求女 便生端正 有相之女 宿植德本 衆人愛敬 無盡意
설욕구녀 변생단정 유상지녀 숙식덕본 중인애경 무진의
觀世音菩薩 有如是力 若有衆生 恭敬禮拜 觀世音菩薩
관세음보살 유여시력 약유중생 공경예배 관세음보살
福不唐捐 是故衆生 皆應受持 觀世音菩薩名號
복불당연 시고중생 개응수지 관세음보살명호

만약 어떤 여인이 아들 낳기를 원하여 관세음보살을 예배하고 공양한다면 이내 복덕과 지혜를 갖춘 아들을 낳으리라. 만약 딸 낳기를 원한다면 곧 단정하고 보기 좋은 딸을 낳되 옛날에 덕의 근본을 심어서 뭇사람들에게 사랑과 공경을 받는 그런 딸을 낳으리라. 무진의여, 관세음보살은 이와 같은 힘이 있다. 만약 어떤 중생이 관세음보살을 공경하고 예배한다면 복은 헛되지 않으리라. 이런 까닭에 중생은 모두가 관세음보살의 이름을 지녀야 한다.

임신한 여성은 무슨 생각을 할까? 곧 태어날 아기의 성별을 그녀는 알고 있을까? 아마 처음에는 '아들 낳고 싶다'거나 '딸이 더 좋아'라고 생각할 것이다. 그러다 출산일이 다가오면 아들이건 딸이건 상관없이 건강한 아기였으면 좋겠다고 생각하게 될 것이다. 내 주변에 있는 어머니들이 모두 이와 같은 과정을 거쳤다.

그런데 《관음경》은 이 문제에 대해서 너무나 신기한 내용을 말하고 있다.

아들 낳고 싶으면 관세음보살에게 기도하면 머리 좋고 덕 있는 아들을 낳을 수 있을 것이요, 딸 낳고 싶으면 관세음보살에게 기도하면 재치 있고 현명하고 마음씨 고와서 누구에게나 사랑받는 딸을 낳을 것이다("숙식덕본宿植德本 중인애경衆人愛敬"이란 태어나게 될 딸은 자기의 지난 세상에 지은 업의 덕으로 태어난 뒤에 사람들에게 사랑받는다는 뜻이다). 따라서 무진의보살이여, 관세음보살에게는 그만한 힘이 있기 때문에 관세음보살을 예배하면 복을 얻을 것이다. 그러므로 중생은 관세음보살의 명호를 늘 지녀야만 한다, 라고.

경전의 내용이 말하려는 바는 잘 알겠다. 하지만 왠지 쉽게 동의하지 못하겠다. 어딘가가 잘못되어 있는 것 같아 도저히 그냥 넘길 수가 없다.

경전 읽는 법

경전을 읽을 때 나는 그 내용을 그다지 의심하지 않는다. 쓰여 있는 대로 믿는 것이 올바른 경전 읽기 방법이라고 생각한다. 왜냐하면 우리들 범부의 얕은 지혜를 가지고 경전에 쓰인 내용을 왈가왈부할 수는 없을 것 같기 때문이다.

예를 들어 초등학교 1학년생에게 "하늘에 무지개가 있는 것이 아니다. 그건 빛의 가감으로 그렇게 보일 뿐이다"라고 아무리 가르쳐도 쉽게 이해하지 못하는 것과 같다. 우리가 경전의 내용을 이해할 수 있기까지는 시간이 더 필요하다. 더욱더 수행해야 한다. 계율을 지키고 바르게 생활하며 그런 뒤에야 비로소 경전에서 설하는 참뜻을 알 수 있다. 그러기까지는 우리는 그저 그것을 믿어야 옳다. 성급하고 얕은 비판은 삼가야 할 것이다.

"어리석은 사람은 비난하려고만 하는 마음으로 승리자(붓다)의 가르침을 듣는다. 그렇게 하면 올바른 진리에서 아득하게 멀어진다. 땅이 하늘에서 아득히 멀리 떨어져 있는 것처럼"(《테라가타》, 나카무라 하지메〔中村元〕 옮김)

나도 이렇게 생각해오고 있었으며, 언제나 이런 태도로 경전을 읽어왔다.

그럼에도 불구하고 지금 《관음경》의 이 구절에는 의구심이 일어나 견딜 수가 없다. '아들 낳고 싶다고 빌면 관세음보살은 머리 좋은 아들을 주신다. 딸 낳고 싶다고 빌면 관세음보살은 예쁜 딸을 주신다.' 이렇게 씌어 있는데 '어째 이상타'라고 중얼거리고 만 것이다.

이건 내 잘못이다.

의심을 품고 이의를 제기할 권리는 내게 없다.

솔직하게 말해보자. 우리는 아들이건 딸이건 우리가 바라는 대로 주시는 능력이 관세음보살에게는 있다는 것을 믿고 있다. 이러한 믿음을 바탕으로 사적인 견해를 아주 조금만 덧붙이려고 한다.

확실히 우리는 '아들 낳고 싶다, 딸 낳고 싶다'며 마음껏 바란다. 관세음보살은 이와 같이 사람들이 제 맘대로 품은 소망을 들어주신다. 하지만 우리가 진정으로 구제받는 것은 자기 소망이 제멋대로인 줄 깨달을 때다. 그 순간 우리는 관세음보살이 주시는 그 아이가 아들이건 딸이건 틀림없이 내가 바라던 아이라고 알아야 한다.

다시 말해서 아들-딸에 얽매여 있던 집착을 벗어나는 것이다.

제4장 성性을 뛰어넘은 존재

이것이 기적이라고 나는 생각한다. 아니면 이것도 기적이라고 말해야 할까? 어찌되었거나 관세음보살은 모든 기적을 나타내는 능력을 갖고 계심이 분명하다.

관세음보살의 콧수염

자, 퀴즈의 해답을 내려보자.

관세음보살은 남자일까, 여자일까? 이것이 문제였고 해답은 세 가지였다. a. 남자다. b. 여자다. c. 남자도 여자도 아니다.

실은 a, b, c 모두 정답이다. 좀더 정확하게 말하자면 어떤 답도 틀리지 않다.

먼저, 관세음보살은 여자라고 하는 생각에는 여러 가지 증거가 있다. 예를 들어 일본 나라〔奈良〕의 홋케지〔法華寺〕에 모셔진 십일면관음상을 떠올려보자. 그 아름다운 관음상은 예로부터 고묘〔光明〕 황후(724~749년까지 재위한 쇼무〔聖武〕 천황의 비. 비구니 사찰인 홋케지를 창건하며 불교의 자비 정신을 몸소 실천한 고묘 황후는 백제인 왕족 후지와라노 후히토〔藤原不比等, 658~720〕의 딸이다 : 역주)의 모습을 본뜬 것으로 전해져왔다. 단, 최근의 한 미술사가는 이 보살상이 헤이안〔平安〕 시대 전기에 조성되었다고 하는데 이렇게 되면 헤이안 초기의 대표적 미인으로 일컬어졌던 사가〔嵯峨〕 천황의 단린〔檀林〕 황후가 모델이 되었을 수도 있다. 그러나 어느 쪽이든 여성을 모델로 하고 있으므로 관세음보살은 여성이라는 생각도 성립이 가능하다.

그러나 사실 관세음보살은 남자이다. '사실'이라고 말한 이유는 불교학계에서 그렇게 보고 있기 때문이다.

전통적인 불교학에서는 여성은 부처나 보살이 될 수 없다고 여겨왔다. 특히 인도 고전어인 산스크리트어는 문법적인 성性의 구별을 가진 언어인데, '부처'나 '보살'에 해당하는 단어에는 남성형만 있고 여성형은 없다. 이것은 틀림없는 남녀차별이지만 지금의 우리가 옛날에 그렇게 생각하고 있었던 것까지 부정할 수는 없다. 어찌되었거나 그 옛날에는 여성은 불보살이 될 수 없다고 했다. 그러므로 관세음보살이 보살인 이상 관세음보살은 남성이다. 이것이 결론이다.

증거가 또 하나 있다.

앞서 아름다운 여성의 모습을 한 나라 홋케지의 십일면관음상도 실은 남성이다. 왜냐하면 그 관음상의 입 주변을 자세히 들여다보면 아주 멋진 턱수염이 그려져 있는 것을 발견할 수 있기 때문이다.

턱수염을 가진 관세음보살.

결국 관세음보살은 남성이다.

 지상의 삼각관계

설령 전통적인 불교학에서 관세음보살을 남성으로 보더라도 현대의 우리까지 거기에 얽매일 필요는 없지 않을까. 그냥 눈 딱 감고 관세음보살은 성을 초월한 존재라고 말해도 괜찮을 것 같다.

어느 노부인에게서 이런 내용의 상담 편지를 받은 적이 있다.

나는 두 번째 부인이다. 이번에 사망한 남편의 유골을 전처의 유골과 합장合葬해야 할지 고민이다. 합장하면 언젠가 나도 같은 무덤에 들어갈 텐데 그러면 저 세상에서 삼각관계가 될 것 같다. 그렇다고 해서 남편과 전처의 유골을 따로 묻으면 전처에게 도리가 아닐 것 같다. 어떻게 하면 좋을까.

정말 어떻게 하면 좋을까? 이 편지를 읽는 순간《성서》에도 이와 비슷한 질문이 등장한다는 사실이 생각났다.

"선생님, 모세는 이렇게 말하고 있습니다. '만일 형이 아이 없이 죽는다면 그 동생은 형의 아내를 취하여 형을 대신해서 자식을 두어야 한다.' 그런데 우리에게는 일곱 명의 형제가 있습니다. 장남은 아내를 얻은 뒤에 죽었는데 자식이 없었기 때문에 그 아내를 동생에게 남겼습니다. 차남, 삼남, 이윽고 일곱 사람이 모두 마찬가지였습니다. 마지막으로 그 여자도 죽었습니다. 그러면 부활의 시간에 이 여성은 일곱 명 중에 누구의 아내가 될까요? 모두가 이 여자를 아내로 삼았지 않습니까?"(《마태전》 제22장)

아시다시피 이것은 예수 그리스도에 반대하고 있던 사드가이파 사람들이 예수를 곤란에 빠뜨리려고 낸 질문이다. 사드가이파 사람들은 부활은 없다고 주장하고 있었다. '그대는 부활이 있다고 말하고 있지만 만일 부활이 있어서 이런 상황이 벌어진다면 곤란하지 않겠는가. 어떤가? 그대는 이에 어떻게 대답할 것인가?' 이런 질문이었다. 요컨대 그리스도를 시험하고 있는 것이다.

이에 대한 예수 그리스도의 대답을 인용해보자.

"그대는 성서도 모르고 신의 힘도 알지 못하기 때문에 오해하고 있다. 부활의 시기에는 시집가는 일도 장가드는 일도 없다. 그들은 하늘에 있는 천사와 같은 존재이다. 그대들은 신이 그대들에게 죽은 사람의 부활에 대해서 하신 말씀을 읽어본 적도 없는가. '나는 아브라함의 신, 이삭의 신, 야곱의 신이다'라고 쓰여 있다. 신은 죽은 옛 신이 아니라 살아 있는 자의 신이다." (앞의 같은 책)

부활할 때는 시집가는 일도 장가드는 일도 없다. 천국은 천국일 뿐이다. 지상의 질서나 제도 ― 결혼은 하나의 제도이다 ― 를 천국에 끼워넣으려는 것이 커다란 착각이다. 예수는 이렇게 말하고 있다.

불교에서도 기본적인 사고방식은 그리스도교의 그런 생각과 일치하고 있다. 남편이나 전처, 또는 두 번째 부인이라는 지상의 삼각관계는 정토淨土에서는 통하지 않는다. 지상의 질서나 제도를 가지고 정토를 헤아려서는 안 된다.

정토는 남성 세계

여성 독자로부터 비난받을 내용을 하나 더 기술하려고 한다. 아무리 진보적인 불교학을 주장한다고 해도 역시 출발점은 그것이기 때문이다. 전통적인 불교학에서는 여성은 정토에 태어날 수가 없다고 되어 있다. 아니, 이런 표현은 좀 정확하지 못하다. 불교에서는 여성은 부처가 될 수 없다고 하기 때문에 여성의 몸으로 정토에 태어나면 곤란해진다. 정토에서도 부처가 될 수 없기 때문이다. 그래서 정토에 태어날 때는 모두 남성으로 태어난다고 한다.

정토는 불국토이다. 부처님의 세계이며, 부처님이 주재하고 계신 세계이다.

우리가 살고 있는 이 세상은 괴로움으로 가득 찬 세계이다. 수행 그 자체가 불가능하다. 소수의 엘리트는 수행을 완성하여 이 세상에서 깨달음을 열어 부처가 될 수 있을지도 모르겠지만 대부분의 범부는 그런 그릇이 못된다. 그러므로 범부가 이 세상에 머물러 있는 동안 깨달음을 열 가능성은 없다.

하지만 이러한 범부를 위해서 부처님이 친히 정토를 건립하셨다. 그 정토에 범부를 맞아들여서 그곳에서 수행을 하게 하려는 취지이다.

따라서 정토는 하나가 아니다. 수많은 부처님이 계시는데 각각의 부처님이 정토 = 불국토를 갖고 계시다. 예를 들면 다음과 같은 세계가 있다.

아촉불阿閦佛의 동방 묘희세계妙喜世界

아미타불阿彌陀佛의 서방 극락세계極樂世界

약사불藥師佛의 동방 정유리세계淨瑠璃世界

이 중에서 특히 아미타불의 극락세계가 유명하여 정토라고 하면 무조건 서방 극락정토를 연상하게 된다.

이런 정토에 우리가 태어나려면 모두 남성이 되어야만 한다. 이러한 것이《법화경》(산스크리트어본) 제24장의 게송에 쓰여 있다.

> 서방에 행복의 광맥鑛脈인 더럽혀지지 않은 수카바티(극락) 세계가 있다.
> 그곳에 지금 아미타불은 인간의 안내자로서 머물러 계신다.
> 그리고 그곳에는 여성은 태어날 수 없고 성교性交의 관습은 전혀 없다.
> 더럽혀지지 않은 부처님의 친자식들은 그곳에서 저절로 태어나며 연꽃의 태내에 앉아 있다. (이와모토 유타카〔岩本裕〕 옮김)

여성은 정토에 태어날 수 없다. 하지만 이것은 여성을 멸시하는 사상이 아니다. 물론 이렇게 주장했던 고대에는 여성 차별 사상이 있음을 부정할 수 없지만 현대의 우리는 이것을 여성 차별이라고 받아들일 필요가 없다. 왜냐하면 정토에 남성밖에는 태어날 수 없다고 한다면 정토에는 남성 또한 존재하지 않기 때문이다.

연기 사상

　연기緣起라는 것은 서로 도움을 주고받는 관계이다. 이 세상은 연기 세계이다.

　예를 들면, 원인과 결과라는 관계(연기)가 있다. 어젯밤 술을 너무 마셨기 때문에 오늘 아침에도 숙취가 남아 있는 것이다. 이 세상의 현상에 원인이 없는 결과가 없고, 결과를 낳지 않는 원인도 없다. 그것을 분명하게 간파하는 것이 연기의 가르침을 이해하는 일이며, 나아가서는 불교를 아는 것이다. 왜냐하면 연기의 가르침이야말로 불교의 근본 교리이기 때문이다.

　원인이 있어서 결과가 있다. 이것은 간단한 가르침이다. 이 정도쯤이야 초등학생도 아는 거라며 우리는 큰소리치지만 과연 그럴까? 때로 우리는 '전혀 악한 짓을 하지 않은 내가 어째서 이토록 괴로워야 하는가?!'라고 말하곤 한다.

　이렇게 말한 사람은 연기 사상을 부정하고 있다. 전혀 악한 일

(원인)을 하지 않았는데 악한 결과만 있다고 그는 생각했기 때문이다. 원인 없는 결과는 있을 수 없건만 그는 이런 모순된 가르침을 받아들이고 있었다. 다시 말해서 그는 연기 사상을 이해하지 못했던 것이다.

원인-결과의 관계뿐만이 아니다. 길고-짧음과 같은 상대적인 관계(연기)도 있다. 길다는 개념은 짧다는 개념이 있어야 성립하는 것이다. 그것을 잊어버리고 한 가지 개념에만 얽매여 있으면 사물의 참다운 모습을 알 수가 없다. 1미터의 막대기를 길다고 생각하고 있는 사람은 2미터 막대기 앞에서도 1미터를 고집하게 된다. 그것은 어리석은 인간이나 하는 짓이다. 길고-짧음, 깨끗하고-더러움, 아름답고-추함의 어느 한 편에 구속되어서는 안 된다고 일러주는 것이 연기의 가르침이다.

남자와 여자도 상대적인 연기의 관계이다. 남자가 있어서 여자가 있고, 여자가 있기 때문에 남자가 있는 것이다. 어느 한쪽이 없으면 다른 쪽도 성립할 수 없게 된다.

정토에 남성밖에 없다는 것은 그 남성조차도 존재하지 않는다는 말이다. 여성 없이 어떻게 남성이 존재할 수 있겠는가.

이것이 결론이다.

정토에까지 남자와 여자의 삼각관계를 끌어들이는 일은 애당초 잘못된 생각이었다. 정토에는 남자가 없을 뿐더러 여자도 없다. 그러므로 삼각관계 같은 것은 없다.

관세음보살은 남성도 아니고 여성도 아니다. 그와 동시에 관세음보살은 남성이고 또 여성이다.

내가 말하고 싶은 것은 바로 이것이다.

아들을 낳고 싶다, 딸을 낳고 싶다고 바라거나 아들이든 딸이든 상관없다고 바라는 일도 결국은 매한가지다. 신앙의 세계에서는 어느 쪽이어도 좋다. 어느 쪽 생각이 올바를까 하고 집착하는 것이 오히려 우습다. 어느 쪽이든 똑같은 것을 말하고 있기 때문에…

제5장
공덕이 없는 공덕

"무진의여, 만약 어떤 사람이 62억 항하사의 보살의 이름을 수지하고, 또한 모습이 다할 때까지 음식, 의복, 와구, 의약을 공양한다면, 어떻게 생각하는가? 이 선남자 선여인의 공덕이 많겠는가?" 무진의가 대답하였다. "참으로 많겠습니다. 세존이시여." 부처님이 말씀하셨다. "만약 다시 어떤 사람이 관세음보살의 명호를 수지하고 내지 한때라도 예배하고 공양한다면 이 두 사람의 복은 아주 똑같아서 다르지 않을 것이다. 백천만억 겁에 걸쳐서라도 다할 수 없으리라. 무진의여, 관세음보살의 명호를 수지하면 이와 같은 무량무변한 복덕의 이익을 얻을 것이다."

관음신앙의 공덕

이번 장에서는 관세음보살을 신앙하는 공덕을 말하고 있다.

無盡意 若有人 受持六十二億 恒河沙菩薩名字 復盡形供養
무진의 약유인 수지육십이억 항하사보살명자 부진형공양
飮食衣服 臥具醫藥 於汝意云何 是善男子 善女人 功德多不
음식의복 와구의약 어여의운하 시선남자 선여인 공덕다부
無盡意言 甚多世尊 佛言 若復有人 受持觀世音菩薩名號
무진의언 심다세존 불언 약부유인 수지관세음보살명호
乃至一時 禮拜供養 是二人福 正等無異 於百千萬億劫
내지일시 예배공양 시이인복 정등무이 어백천만억겁
不可窮盡 無盡意 受持觀世音菩薩名號 得如是無量無邊
불가궁진 무진의 수지관세음보살명호 득여시무량무변
福德之利
복덕지리

"무진의여, 만약 어떤 사람이 62억 항하사의 보살의 이름을 수지하고, 또한 모습이 다할 때까지 음식, 의복, 와구, 의약을 공양한다면, 어떻게 생각하는가? 이 선남자 선여인의 공덕이 많겠는가?" 무진의가 대답하였다. "참으로 많겠습니다. 세존이시여." 부처님이 말씀하셨다. "만약 다시 어떤 사람이 관세음보살의 명호를 수지하고 내지 한때라도 예배하고 공양한다면 이 두 사람의 복은 아주 똑같아서 다르지 않을 것이다. 백천만억 겁에 걸쳐서라도 다할 수 없으리라. 무진의여, 관세음보살의 명호를 수지하면 이와 같은 무량무변한 복덕의 이익을 얻을 것이다."

제일 처음에 나오는 '무진의여'는 석가모니가 무진의보살에게 말을 거시는 것이다. 석가모니는 《관음경》 처음부터 무진의보살을 향해서 관세음보살에 관하여 설명하고 계신다. 이 책의 구성으로 말하자면 제1장의 중간쯤에서부터 석가모니는 말씀을 시작하며 때때로 무진의보살을 부르면서 이야기를 이어나가신다.

"무진의여, 그러므로…"

"무진의여, 그런 까닭에…"

라는 식으로 주의를 환기시키기 위해서 부르시는 것이다. 이것은 우리도 자주 하는 일이다. 대화를 나누는 도중에

"그렇지요, ○○씨?"

"틀렸나요, ○○씨?"

라며 상대방의 이름을 부르면 대화는 한결 자연스럽게 이어져간다. 이것이 바로 능숙한 대화법이다.

그런데 《관음경》의 이 부분에서는 석가모니가 무진의보살을

향해서 질문을 조금 던지고 계시다.

"…그대는 어떻게 생각하는가?"

"예, 많다고 생각합니다."

"그리고 만일 또…"

라는 식으로 석가모니의 질문, 무진의보살의 대답, 이어서 석가모니의 이야기와 대화가 전개되고 있다.

갠지스강의 모래만큼 많은 보살

여기에서는 관음신앙의 공덕을 설명하고 있다.

'공덕'이란 선행의 결과로서, 현재나 미래에 받게 될 과보를 말한다. 절을 짓거나 탑을 세우는 일이 일반적으로 말하는 공덕 있는 행위다. 혹은 사경도 공덕이 있다고 한다. 물론 염불과 경의 제목을 외는 것도 공덕이 있다. 또는 부처님 앞에 물건을 공양 올리는 것도 커다란 공덕이 있는 행위다.

지금 부처님은 말씀하신다. "62억 항하사恒河沙의 보살의 이름을 수지하라"라고. '항하사'란 문자 그대로는 '갠지스강의 모래'라는 뜻이다. 헤아릴 수 없이 많은 숫자를 표현하는 말이다. 62억 항하사란 그 헤아릴 수 없이 많은 갠지스강의 모래알 숫자를, 다시 62억 배나 더한 것이다. 그 정도로 많은 보살의 이름을 항상 기억할 뿐만 아니라 음식이나 의복, 와구, 의약품을 공양하는 것과 똑같은 공덕을 바로 관세음보살 한 분을 믿음으로써 얻을 수 있다는 말이다. 62억 항하사 보살 = 관세음보살이라는 것이다.

왜 그럴까?

대답하기가 어렵다. 이에 대해서는 예로부터 교학적인 해석을 내리고 있는데, 내 몸과 관세음은 동일한 법신法身이기 때문에 그 덕도 평등하다 — 라고 설명할 수 있다. 혹은 사실은 62억 항하사의 보살 중에 관세음도 들어 있으며, 보살 한 분 한 분의 공덕은 평등한데 사람들에게 관세음보살의 공덕을 깊이 각인시키기 위해 이렇게 말했다는 해석도 있다. 후자의 해석이 이해하기 쉬울 것이다.

어찌되었거나 이 문제는 좀 어렵다. 하지만 어렵다고 외면하면 《관음경》의 참뜻을 밝힐 수가 없기 때문에 어떻게든 나름대로의 해답을 찾아야만 한다.

달마와 무제

선 이야기를 하나 해보기로 하겠다.

보리달마는 인도에서 중국으로 선을 전해준 인물이다. 인도 이름은 보디다르마라고 하며, 중국 선종의 제1조다. 이 사람은 숭산嵩山 소림사에서 면벽 9년의 좌선을 해왔다고 한다. 이 달마가 처음 중국에 왔을 때 양나라 무제와 문답을 했다. 그 문답이 재미있다. 오해를 살까 봐 미리 말해두는데 보리달마는 다분히 역사상 실존 인물이 아닐 수도 있다는 사실이다. 그러므로 달마에 관한 이야기는 전부 전설이라고 봐야 할지도 모른다. 전해져 내려오는 무제와 문답했다는 전설을 보자.

달마를 향해서 무제는 이렇게 말했다.

"짐은 즉위한 이래 지금까지 수많은 절을 짓고, 경권을 베껴 썼으며, 또한 이루 헤아릴 수 없는 많은 승니僧尼들을 제도해왔소. 무슨 공덕이 있겠소?"

그런데 인도에서 온 달마 스님의 대답은 무제의 예상을 완전히 뒤엎는 것이었다.

"무공덕無功德!"

너무나도 태연하고 냉정하게 달마는 대답했다. 이 내용은 관세음보살의 공덕에 대해서 생각하고 있는 우리로서는 매우 중요한 것이므로 조금더 자세하게 짚어보고자 한다.

제帝가 물었다. "짐은 즉위한 이래 수많은 절을 짓고, 경을 베끼고, 도승度僧한 것이 이루 헤아릴 수 없소. 무슨 공덕이 있겠소?" 대사가 말했다. "공덕이 없습니다!" 무제가 말했다. "무슨 까닭에 공덕이 없다고 하시오?" 대사가 말했다. "이것은 그저 인천人天의 작은 과보요, 유루有漏의 원인인 것으로 그림자가 형체를 따르는 것과 같습니다. 있다고 해도 실로 없는 것입니다." 무제가 물었다. "무엇이 참다운 공덕이오?" 대사가 답했다. "정지淨智는 묘원妙圓하며 체體는 스스로 공적空寂합니다. 이와 같은 공덕은 세상에서 구할 수 없습니다."(《경덕전등록景德傳燈錄》 권 제3)

무제가 물었다.
"짐은 즉위한 이래 절을 짓고 경을 베껴 쓰고 승려들을 배출해 왔다. 그것은 일일이 다 기록할 수 없을 정도이다. 어떤 공덕이 있겠는가?"

달마는 말했다.

"그 어떤 행위에도 공덕 같은 것은 없습니다."

무제가 물었다.

"어찌하여 공덕이 없다는 것인가?"

달마는 말했다.

"그런 것은 이 미혹한 세계에 대수롭지 않은 인과의 결과로서, 그림자가 형체를 따르는 것과도 같은 것입니다. 환幻과 같은 것으로서 실재하지 않는 것입니다."

무제가 말했다.

"그럼 진실한 공덕이란 무엇인가?"

달마가 말했다.

"깨달음의 청정한 지혜는 완전무결한 것이며, 존재론적으로는 '공空'입니다. 참다운 공덕은 세간적인 표준으로는 찾을 수 없습니다."

선 이야기는 난해하다. 이런 번거로운 문답을 읽으면 머리가 아프다는 사람도 있다. 하지만 이 이야기는 대충 건너뛰며 읽어도 괜찮다. 무제가 '나는 착한 일을 했다'라고 자랑하는데 그런 무제의 콧대를 달마가 보기 좋게 꺾어버린 것이라고 이해해도 그만이다.

무공덕의 공덕

"절을 짓고 경을 베껴 쓰고 스님을 제도[度僧]시킨다"에서 '도度'라는 것은 출가시키는 것이다. 무제는 한 나라의 왕이었기 때문에 스님이 되는 허가를 줄 수가 있었다. 이 말은 무제가 스님을 많이 만들어냈다는 뜻이다. 스님이 되는데 굳이 허가가 필요했던 이유는 출가하면 생산 활동을 일체 멈추고 권력에 의해서 생활을 보장받게 되기 때문이다. 오늘날로 말하자면 세금을 내지 않고 연금을 받는 것과 같다. 그러므로 허가제를 실시한 것이다.

절을 짓고 경을 베껴 쓰고 승려를 많이 배출하는 일, 이것은 의심할 여지도 없이 참으로 공덕이 매우 큰 훌륭한 행위다. 그런 까닭에 마음속으로 무제는 뻐겼을 것이다. 칭찬받고 싶은 마음이 있었음에 틀림없다.

그런데 달마는 그런 사람에게 "무공덕!"이라고 말했다.

대체 무슨 뜻일까?

달마는 이런 말을 하고 싶었을 것이다. 무제나 우리나 일반적으로 공덕을 이런 식으로 생각하고 있다. 즉 'A의 행위를 하면 X라고 하는 공덕이 생긴다'라고. 하지만 이런 식으로 생각하면 X(공덕)만 중요할 뿐이니 A의 행위 자체는 아무래도 상관없다는 식이 되고 만다. 아무렇게나 A의 행위를 하건, 반대로 아주 진지하게 A의 행위를 하건 똑같이 X의 공덕이 생긴다면 너나없이 A를 되는 대로 하고 말 것이다. 혹은 어떻게 해서든 숫자를 채우기만 하면 X가 증대한다고 착각하고 말 것이다. 달마는 무제의 이런 생각을 꾸짖었던 것이다. 그것을 꾸짖어서 "무공덕!"이라고 답했다. 'X 같은 건 생각하지 마! A에 집중하면 그걸로 그만 아닌가!' 달마는 이렇게 말하고 싶었으리라.

절을 지음으로써 공덕을 구한다. 그런데 여기서 중요한 것은 절을 짓는 그 자체요, 공덕은 그에 부수적으로 따라오는 것이다. 반드시 기억해야 한다.

그러므로 달마는 "무공덕!"이라고 말했다. 절을 짓는 그 자체가 공덕이기 때문이다. 절을 세운 그 일 자체가 공덕이다. 이 점을 눈치채지 못한 무제의 어리석음을 달마는 속으로 조소하고 있었던 것이다.

이렇게 생각하면 《관음경》의 의미도 자명해진다.

다시 말해서 참다운 공덕은 '무공덕'인 것이다. '무공덕'이란 제로이다. 제로라면 그것에 12억 항하사 배가 되든 한 배가 되든 결과는 같아진다. 62억 항하사 배의 불보살의 명호를 수지하는 일과, 관세음보살 한 분의 이름을 수지하는 일이 '아주 똑같아서 다르지 않다〔正等無異〕'는 것이다.

이것은 공덕을 밖에서 구하는 우리의 마음가짐을 꾸짖는 말이다. 관세음보살의 명호를 수지하는 행위(A)에 의해서 밖에서 공덕(X)을 구한다. 이러면 관세음보살은 어찌되든 상관없어지고 만다. 되는대로 제멋대로 관세음보살을 염하고 X에만 집착해버리게 된다. 혹은 A를 수량화해버리고 어찌되었든 칭명의 회수만 불린다거나 이런저런 수많은 불보살에게 쉽게 기대버린다. 숫자에 집착하게 되는 것이다. 그런 수량화된 행위에는 공덕 같은 것은 전혀 없다.

무공덕이므로 우리는 그 행위에 몰두할 수 있다. 그리고 그런 행위에 몰두하는 그 자체가 커다란 공덕이다.

이것이 신앙 세계의 논리다.

신앙 세계의 논리는 본질적으로 역설적이다.

 **관세음보살의 주소는 어디일까**

전승에 따르면 관세음보살은 남인도 포탈라카Potalaka산에 살

고 계신다고 한다. 다만, 실제로 남인도에 포탈라카라고 하는 이름의 산이 있는 것은 아니다. 일종의 전설 속의 산 이름이다.

그런데 이 '포탈라카'라는 산 이름은 한자로는 보타락산補陀落山, 보타락普陀落, 보타산普陀山이라고 차자(借字, 한자 본래의 뜻과는 상관없이 소리나 뜻을 빌려서 쓰는 한자)한다. 그리고 중국에서는 절강성에 있는 보타산을 관세음보살의 영지로 여겨 사람들의 신앙 대상이 되었다. 또한 일본에서도 관음신앙이 가장 성했던 헤이안 말기경에 기슈〔紀州〕의 나치산〔那智山〕을 중심으로 보타락산 신앙이 일어났다. 이곳에서 작은 배에 올라 남해를 향해 노를 저어가서야 이르는 관세음보살의 나라에 왕생하고자 하는 보타락도해補陀落渡海 신앙도 왕성했다. 현재도 나치산은 관음영지라 하여 서국西國 삼십삼소관음(三十三所觀音, 일본의 간사이〔關西〕와 긴키〔近畿〕 지방에 있는 사찰 가운데 관세음보살을 모신 기도 도량 33곳을 말함 : 역주)의 으뜸가는 성지다.

티베트의 수도 라사에 있는 달라이 라마의 궁전은 포탈라궁이라 부르는데 이것 또한 포탈라카산에서 유래한 이름이다. 달라이 라마는 관세음보살의 화신으로 여겨지고 있으므로 이 궁전에 포탈라궁이라 명명했다.

제5장 공덕이 없는 공덕

제6장
한없는 모습을 취하는 관세음보살

── 무진의보살은 부처님에게 말했다. "세존이시여, 관세음보살은 어떻게 사바 세계에 노니시며 어떻게 중생을 위해 법을 설하십니까? 방편의 힘, 그 일이 어떠합니까?" 부처님은 무진의보살에게 이르셨다. "선남자여, 만일 국토의 중생들 가운데 모름지기 부처의 몸으로 제도할 자에게는 관세음보살은 곧 부처의 몸을 나타내어 그를 위해 법을 설한다. 벽지불辟支佛의 몸으로 제도할 자에게는 곧 벽지불의 몸을 나타내어 그를 위해 법을 설한다. 성문聲聞의 몸으로 제도할 자에게는 곧 성문의 몸을 나타내어 그를 위해 법을 설한다. 범왕梵王의 몸으로 제도할 자에게는 범왕의 몸을 나타내어 그를 위해 법을 설한다. 제석帝釋의 몸으로 제도할 자에게는 제석의 몸을 나타내어 그를 위해 법을 설한다. 자재천自在天의 몸으로 제도할 자에게는 자재천의 몸

을 나타내어 그를 위해 법을 설한다. 대자재천大自在天의 몸으로 제도할 자에게는 대자재천의 몸을 나타내어 그를 위해 법을 설한다. 천대장군天大將軍의 몸으로 제도할 자에게는 천대장군의 몸을 나타내어 그를 위해 법을 설한다. 비사문毘沙門의 몸으로 제도할 자에게는 비사문의 몸을 나타내어 그를 위해 법을 설한다. 소왕小王의 몸으로 제도할 자에게는 소왕의 몸을 나타내어 그를 위해 법을 설한다. 장자長者의 몸으로 제도할 자에게는 장자의 몸을 나타내어 그를 위해 법을 설한다. 거사居士의 몸으로 제도할 자에게는 거사의 몸을 나타내어 그를 위해 법을 설한다. 재관宰官의 몸으로 제도할 자에게는 재관의 몸을 나타내어 그를 위해 법을 설한다. 바라문婆羅門의 몸으로 제도할 자에게는 바라문의 몸을 나타내어 그를 위해 법을 설한다. 비구, 비구니, 우바새, 우바이의 몸으로 제도할 자에게는 비구, 비구니, 우바새, 우바이의 몸을 나타내어 그를 위해 법을 설한다. 장자, 거사, 재관, 바라문 부녀婦女의 몸으로 제도할 자에게는 부녀의 몸을 나타내어 그를 위해 법을 설한다. 어린아이의 몸으로 제도할 자에게는 어린아이의 몸을 나타내어 그를 위해 법을 설한다. 천, 용, 야차, 건달바, 아수라, 가루라, 긴나라, 마후라가, 인비인 등의 몸으로 제도할 자에게는 각각 그 몸을 나타내어 그를 위해 법을 설한다. 집금강신執金剛神으로 제도할 자에게는 집금강신을 나타내어 그를 위해 법을 설한다. 무진의여, 이 관세음보살은 이와 같은 공덕을 이루어서 갖가지 모습으로 온갖 국토에 노닐며 중생을 제도하여 벗어나게 한다. 이런 까닭에 너희들은 일심으로 관세음보살을 공양해야 한다. 이 관세음보살마하살은 두렵고 화급한 재난〔怖畏急難〕 속에서 능히 두렵지 않음〔無畏〕을 설한다. 이런 까닭에 이 사바 세계에서 모두가 관세음보살을 시무외자施無畏者라고 부른다."

현대인은 일 중독증 환자

현대인들 중에는 무엇인가에 빠져 하루를 보내지 않으면 사는 것 같지 않다고 느끼는 사람들이 많다. 특히 해가 뜨기도 전에 일터에 나가서 해가 진 뒤에도 쉬지 않고 일을 하며 심지어는 휴일도 반납한 채 구슬땀을 흘리는 사람들이 많다. 그러다 보니 다소 동작이 느리거나 바지런 떨지 않는 동료나 부하직원 들을 보면 그 정신으로 세상을 어떻게 살아가겠느냐며 훈계를 늘어놓는다. 일 중독증(워커홀릭) 환자가 많은 것이 현실이다.

하지만 일 중독증 환자라는 이름이 붙는 것은 그 사람이 그저 너무 일을 열심히 하기 때문은 아니다. 일하는 것은 조금도 나쁘지 않다. 하지만 대체 무엇을 위해서 일하고 있는가 혹은 무엇을 위한 인생인가 하는 점을 현대인이 망각하고 있는 것에 대한 조소요 비난인 것이다. 나는 이렇게 이해하고 있다.

오늘이라는 하루는 오늘을 위해 존재한다. 우리의 인생은 하루하루가 쌓여가는 것이기 때문에 오늘은 오늘로 살아가야 한다. 이것이 진정한 삶의 방식이다.

그런데 현대인은 내일을 위해서 오늘 하루를 아무렇지도 않게 희생해버린다. 돈 버는 일이라면 오늘밤의 가정 화목을 희생하면서까지 회사에 남아서 초과근무를 계속한다. 본인은 이게 만족스러울지 모르겠지만 아빠의 귀가를 기다리고 있는 아이들은 어떨까? 여름 휴가 갈 때 한꺼번에 아이들에게 아빠 역할을 하겠다는 생각은 계산이 맞지 않다. 왜냐하면 아이들에게는 일 년 365일, 매일매일 아버지와 즐겁게 이야기를 할 권리가 있기 때문이다. 그 권리를 아버지는 대수롭지 않게 무시해버린 것이다.

단 하루로 끝난다면 또 그런대로 괜찮다. 하지만 일 년 365일 전부를 희생하고도 아무렇지 않은 사람들이 많다. 홀홀 단신 부임을 해서 어쩔 수 없이 2~3년씩 별거생활을 하는 직장인, 공무원이 있다. '내 집 마련을 할 때까지' 맞벌이를 하는 바람에 열쇠를 목에 걸고 학교에 다니는 아이들이 있다. 아이들이 한창 자랄 때는 부모의 애정이 가장 필요하다. 아이들이 대학생이 되고 나면 아무리 맛난 간식으로 달래도 이미 때는 늦었다.

인생은 하루하루가 사는 보람이다. 그 하루하루 가운데 '하루쯤이야…'라며 희생해도 괜찮을 그런 날은 없다. 그럼에도 불구하고 경제적 이익을 위해서는 인생의 하루를 아무렇지도 않게 희생해버리는 것이 현대인이다. 그리고 그와 같은 태도가 일 중독증 환자라 불리는 현상까지 빚어내게 되었다.

루소의 《에밀》

　이 문제를 조금 더 진전시켜보자.
　《에밀》은 프랑스 계몽주의를 대표하는 사상가 장 자크 루소의 교육 논서이다. 이 책 속에 분명히 이런 주장이 나와 있다.
　"인생의 여러 시기, 단계에는 각각의 고유한 목적이 있고 완성이 있다. 그런 까닭에 미래의 행복을 위한다는 이유로 아이들의 현재 행복을 희생해서는 안 된다."
　내가 《에밀》을 읽은 것은 대학 도서관에서였다. 벌써 30년 전의 일이다. 이제는 자세한 내용은 잊어버렸지만 루소의 이런 주장만큼은 특별하게 기억에 남아 있다. 암울했던 수험생 시절을 막 벗어났기 때문에 루소의 사상에 더욱 공감했던 것이다. 입학시험을 위해 공부해야 하는 일은 너무 어리석은 짓이라고 진실로 그렇게 생각했다.
　현 교육제도에서는 중학 3년, 고교 3년은 입시를 위해 희생하지 않으면 안 되게 되어 있다. 고등학생이 고등학생답게 충실히 3년을 보낸다면 — 그 시간 속에는 사랑도 있고, 실연도 있고, 운동과 우정도 있다 — 대학에 들어갈 수 없다. 대학에 들어가려면 고등학교 3년은 그저 수험 공부에만 매달려야 한다. 이것이 오늘의 교육제도이다.

루소가 말한 것처럼 아이들은 어른의 미완성품이 아니다. '아이들은 미완성품이기 때문에 완성품으로 만들기 위해 교육시킨다'라는 사고방식은 우습기 짝이 없다. 이렇게 생각하기 때문에 '미래의 더 큰 행복을 위해 현재의 행복을 희생하는 게 뭐 그리 대수인가'라는, 성장 제일주의의 발상이 나오는 것이다.

이것은 맞지가 않다.

현재는 현재로서 충실해야만 한다.

하루하루가 인생인 것이다. 오늘 하루를 희생하면 오늘 하루 당신은 인간이 아니었다는 말이 된다. 인간이 아니라 축생(애니멀)으로서 일한 셈이 된다.

일본인이 이코노믹 애니멀이라 불리는 것은 동물처럼 일하기만 할 뿐 인간으로서 살아가기를 잊어버렸기 때문이라고 생각한다. 일하는 그 자체가 나쁘지는 않지만 인간으로서 살아가기를 잊어버린 노동은 죄수나 노예와 다르지 않으며 소나 말과 매한가지다. 이런 점을 일본인을 포함한 현대인은 깊이 반성해야 한다.

 '노닐다'라는 뜻

갓길로 너무 벗어났다. 실은 나는 '노닐다'라는 말의 의미를 생각해보고 싶었다. 그래서 '노닐다'와 '일하다'를 대비시켜서 그 속에서 '노닐다'라는 말의 의미를 생각하려고 했다.

왜 '노닐다'라는 말이 문제가 되는 걸까?

그것은 《관음경》에 이 말이 나오기 때문이다.

無盡意菩薩 白佛言 世尊 觀世音菩薩 云何遊此娑婆世界
무진의보살 백불언 세존 관세음보살 운하유차사바세계
云何而爲衆生說法 方便之力 其事云何
운하이위중생설법 방편지력 기사운하

무진의보살은 부처님에게 말했다. "세존이시여, 관세음보살은 어떻게 사바세계에 노니시며 어떻게 중생을 위해 법을 설하십니까? 방편의 힘, 그 일이 어떠합니까?"

무진의보살이 석가모니 부처님에게 질문했다.

"부처님, 관세음보살은 어떤 모습으로 이 사바 세계에 노닐고, 어떤 모습을 취하셔서 우리들 중생을 위해 법을 설해주십니까? 관세음보살의 방편의 힘은 어떠합니까?"

다시 말해서 관세음보살은 여러 가지 모습으로 몸을 변화시키며 우리들 앞에 출현하시는데 그건 어떤 모습인지 무진의보살이 부처님에게 질문하고 있는 것이다. 이때 무진의보살은 '노닐다'라는 말을 쓰고 있는데 이것은 대체 어떤 의미일까?

혹시 '일하다'라는 말로 바꾸어보면 어떨까? 그러니까 이렇게 물었다고 해보자.

"관세음보살은 어떤 모습이 되어서 이 사바 세계에서 일하고 계십니까?"

어딘가 어색하다. 관세음보살이 땀을 흘리며 일하고 계시는 모습이 떠오른다. 어째 여유가 없어 보인다. 이런 관세음보살에게 말이라도 걸었다간 호되게 당할 것 같다.

한 가정의 가장은 잔업을 하고 초과근무를 하고, 엄마도 부지런히 부업을 한다. 이렇게 내 집 마련에 필요한 돈을 모으고 있지만 이런 아빠, 엄마에게는 자식들이 자연스레 다가가지 못한다.

'내 집 마련 좀 늦어지면 어때요. 아빠, 엄마와 속내 이야기를 나누고 싶어요.' 아이들은 이렇게 말하고 싶다. 놀고 있는 아빠, 엄마가 아이들에게는 친밀감을 안겨준다. 그러므로 관세음보살도 역시 놀고 싶은 것이다.

우리 현대인들은 더 놀아야 한다.

중학생은 눈 딱 감고 놀아도 좋다(하지만 너무 놀면 중학생이 아니다. 중학생에게는 중학생으로서의 놀이가 있다. 이것을 넘어서면 '불량'해져서 더 이상 중학생이라 할 수 없게 된다).

직장인은 직장인으로서 눈 딱 감고 놀면 된다(하지만 놀기만 하면 그건 '건달'이지 직장인이 아니다. 직장인이 직장인으로서 놀기 위해서는 직장인으로서 해야 할 일을 빈틈없이 해내야 한다).

상당히 역설적이기는 하지만 '놀기' 속에 진정한 인생이 있는지도 모른다. 어찌되었거나 '놀기'를 잊고 '놀기'를 부정해버린 일중독자 현대인은 어딘지 모르게 우스꽝스럽다. 관세음보살은 틀림없이 이런 현대인을 씁쓸하게 지켜보고 계실 것 같다.

불교에는 '유희삼매遊戲三昧'라는 말이 있다. 유희삼매란 그 어떤 것에도 얽매이지 않은 자유자재한 부처의 경지를 말한다. 조금만 더 여유를 가지고 인생을 살고 싶다.

 **사바는 인토이다**

"관세음보살은 어떤 모습으로 이 사바 세계에서 노니십니까?"
무진의보살은 이렇게 석가모니 부처님에게 여쭈었다.

'사바'는 산스크리트어 '사하saha'를 음사한 말이다. 사하는 '인토忍土'나 '감인堪忍 세계'로 번역하는데, '참아야 하는 세계'라는 뜻이다. 우리가 살아가고 있는 이 세계가 바로 그렇다는 말이다.

이 세계는 괴로움의 세계이다. 물론 즐거운 일도 있다는 사실을 모르는 바 아니지만 그 즐거움은 영원히 이어지지 않는다. 언젠가 괴로움으로 변해간다. 만남은 헤어짐의 시작이다. 아름다운 여성도 언젠가는 할머니가 된다. 그렇다면 아름다움이 오히려 괴로움의 원인이라는 말이 된다.

이 세상은 본질적으로 괴로움의 세계이다. 콩나물시루 지하철과 다르지 않다. 내가 승차함으로써 그만큼의 공간이 줄어들었는데도 우리는 다른 사람 탓을 한다. 그리고 다른 사람은 내 탓을 한다. '저 사람이 타는 바람에 좁아졌어.'

우리는 서로 상대방 탓을 하며 살아가고 있다. 이것이 사바 세계이다. 그러므로 이런 사바에서는 상대방으로부터 초래된 불편함을 서로 인내하면서 살아갈 수밖에 없다. 이것이 '인토'의 뜻이다. 자기가 다른 사람의 발을 밟았을 때는 "지하철이 만원이라서 어쩔 수가 없었다"라고 지하철 탓을 하면서도 다른 사람에게서 발을 밟혔을 때는 "좀 주의를 하시오!"라고 노기를 띤다. 이런 자기 중심적인 태도를 취하는 바람에 이 사바는 점점 비좁아지고 옹색해진다. 서로 고통과 불편을 인내하면서 다른 사람을 허용해주며 살아가는 것이 이 사바를 살아가는 삶의 방식이다. 이렇게 살 수 없다면 이 사바는 이미 지옥이다.

관세음보살은 굳이 이런 사바에 '노닐러' 오시는 것이다. 우리들 중생을 구제하시고, 중생에게 법을 설하시기 위해서… 그것도 온갖 다양한 모습으로 몸을 바꾸시면서…

이것을 '방편'이라고 한다.

방편이란 수단이다. "공부하면 모형비행기를 사줄게"라고 아버지는 말한다. 이때 모형비행기가 방편이고 공부가 목적이다. 이와 마찬가지로 우리들 중생을 제도하기 위해서 관세음보살은 다양한 모습으로 몸을 바꾸어서 우리들 앞에 나타나주신다.

관세음보살은 어떤 모습을 취하십니까? 무신의보살이 이렇게 질문했다. 물론 우리를 대신해서 석가모니에게 여쭈었다. 우리 가

까이에 계시는 관세음보살을 우리가 발견할 수 있기를 바라는 질문이다. 관세음보살은 정말 의외의 곳에 계신다는 것이다.

 관세음보살의 변신

관세음보살의 주소는 남인도의 포탈라카산이다. 주소가 거기라고 해서 관세음보살이 포탈라카산 궁전에서 느긋하게 낮잠을 주무신다는 말은 아니다. 다양한 모습으로 몸을 바꾸어가면서 우리의 이 사바 세계에 '노닐러' 와주시고 있다. 이런 관세음보살의 변화신變化身을 지금부터 석가모니가 열거하고 계신다.

佛告無盡意菩薩 善男子 若有國土衆生 應以佛身 得度者
불고무진의보살 선남자 약유국토중생 응이불신 득도자
觀世音菩薩 卽現佛身 而爲說法 應以辟支佛身 得度者
관세음보살 즉현불신 이위설법 응이벽지불신 득도자
卽現辟支佛身 而爲說法 應以聲聞身 得度者 卽現聲聞身
즉현벽지불신 이위설법 응이성문신 득도자 즉현성문신
而爲說法
이위설법

부처님은 무진의보살에게 이르셨다. "선남자여, 만일 국토의 중생들 가운데 모름지기 부처의 몸으로 제도할 자에게는 관세음보살은 곧 부처의 몸을 나타내어 그를 위해 법을 설한다. 벽지불의 몸으로 제도할 자에게는 곧 벽지불의 몸을 나타내어 그를 위해 법을 설한다. 성문의 몸으로 제도할 자에게는 곧 성문의 몸을 나타내어 그를 위해 법을 설한다.

대기설법對機說法이라는 말이 있다. 석가모니가 가르침을 설하실 때 그 가르침을 듣는 상대방에 따라서 설하는 방식을 달리한다는 뜻이다. 사람은 저마다 능력이 다르고 성격이 다르다. 그런 차이를 고려하지 않고 똑같은 가르침을 설하면 오히려 오해가 생길 수 있다. 신경질적인 사람에게는 '여유를 가지고 살라'고 충고해도 좋지만 느긋한 사람에게 같은 말을 한다면 결과는 정반대가 되어버린다.

또는 같은 말이라도 그것을 있는 그대로 듣는 경우와 반발심을 느끼는 경우가 있다. 상대가 누구냐에 따라 같은 말이 고깝게 들리기도 한다. 인간에게는 호불호好不好가 있기 때문이다. 그러므로 학생들에게도 좋아하는 선생님에게서 배우는 교과목이 훨씬 성적도 좋은 법이다.

이것이 관세음보살이 여러 가지 변화신으로 우리 앞에 나타나주시는 이유이다. 호불호가 너무 또렷한 우리를 위해 그 사람이 가장 가르침을 쉽게 받아들일 수 있는 모습을 취해서 그 사람 앞에 나타나서 법을 설해주시는 것이다.

예를 들어 부처님의 모습으로 출현하신다면 이것은 부처님에게서 가르침을 받고 싶어하는 사람을 위한 것이다. 그 사람을 위해서는 부처님의 모습을 취하는 것이 가장 좋기 때문이다.

벽지불은 스승의 가르침을 받지 않고 혼자 힘으로 깨달음을 연 사람이다. 그러므로 '독각獨覺'이라고도 불린다. 자기 혼자 진리를 깨닫고서 우쭐해 있는 독선적인 사람이다. 그는 다른 사람에게 가르침을 설하려고 하지 않는다. 따라서 벽지불은 대승불교에서는 높은 평가를 받지 못하고 있는 부처이지만 이 세상에는 기이한 사람도 많고 괴짜도 많기 때문에 관세음보살은 벽지불의 모습으로 몸을 바꾸어주시기도 한다.

그리고 또한 성문의 모습으로도 변하신다. 성문이란 석가모니의 가르침에 의해서 깨달은 사람이다. 하지만 벽지불처럼 다른 사람을 위해서 법을 설하려는 마음이 없다. 자기 혼자서 그 진리를 만끽하고 있는, 차원이 낮은 부처이다. 하지만 관세음보살은 기꺼이 그런 성문의 모습으로 몸을 변화시킨다. 어떻게 해서든 우리 전부를 구제하려고 하기 때문이다.

 33변화신

이제부터는 관세음보살의 변화신을 하나하나씩 설명한다.

應以梵王身 得度者 卽現梵王身 而爲說法 應以帝釋身
응이범왕신 득도자 즉현범왕신 이위설법 응이제석신
得度者 卽現帝釋身 而爲說法 應以自在天身 得度者
득도자 즉현제석신 이위설법 응이자재천신 득도자
卽現自在天身 而爲說法 應以大自在天身 得度者
즉현자재천신 이위설법 응이대자재천신 득도자
卽現大自在天身 而爲說法 應以天大將軍身 得度者
즉현대자재천신 이위설법 응이천대장군신 득도자
卽現天大將軍身 而爲說法 應以毘沙門身 得度者
즉현천대장군신 이위설법 응이비사문신 득도자
卽現毘沙門身 而爲說法 應以小王身 得度者 卽現小王身
즉현비사문신 이위설법 응이소왕신 득도자 즉현소왕신
而爲說法 應以長者身 得度者 卽現長者身 而爲說法
이위설법 응이장자신 득도자 즉현장자신 이위설법

應以居士身 得度者 卽現居士身 而爲說法 應以宰官身
응이거사신 득도자 즉현거사신 이위설법 응이재관신
得度者 卽現宰官身 而爲說法 應以婆羅門身 得度者
득도자 즉현재관신 이위설법 응이바라문신 득도자
卽現婆羅門身 而爲說法 應以比丘 比丘尼 優婆塞
즉현바라문신 이위설법 응이비구 비구니 우바새
優婆夷身 得度者 卽現比丘 比丘尼 優婆塞 優婆夷身
우바이신 득도자 즉현비구 비구니 우바새 우바이신
而爲說法 應以長者 居士 宰官 婆羅門婦女身 得度者
이위설법 응이장자 거사 재관 바라문부녀신 득도자
卽現婦女身 而爲說法 應以童男童女身 得度者
즉현부녀신 이위설법 응이동남동녀신 득도자
卽現童男童女身 而爲說法 應以天 龍 夜叉 乾闥婆
즉현동남동녀신 이위설법 응이천 용 야차 건달바
阿脩羅 迦樓羅 緊那羅 摩睺羅伽 人非人等身 得度者
아수라 가루라 긴나라 마후라가 인비인등신 득도자
卽皆現之 而爲說法 應以執金剛神 得度者 卽現執金剛神
즉개현지 이위설법 응이집금강신 득도자 즉현집금강신
而爲說法
이위설법

범왕梵王의 몸으로 제도할 자에게는 범왕의 몸을 나타내어 그를 위해 법을 설한다. 제석帝釋의 몸으로 제도할 자에게는 제석의 몸을 나타내어 그를 위해 법을 설한다. 자재천自在天의 몸으로 제도할 자에게는 자재천의 몸을 나타내어 그를 위해 법을 설한다. 대자재천大自在天의 몸으로 제도할 자에게는 대자재천의 몸을 나타내어 그를 위해 법을 설한다. 천대장군天大將軍의 몸으로 제도할 자에게는 천대장군의 몸을 나타내어 그를 위해 법을 설한다. 비사문毘沙門의 몸으로 제도할 자에게는 비사문의 몸을 나타내어 그를 위해 법을 설한다. 소왕小王의 몸으로 제도할 자에게는 소왕의 몸을 나타내어 그를 위해 법을 설한다. 장자長者의 몸으로 제도할 자에게는 장자의 몸을 나타내어 그를 위해 법을 설한다. 거사居士의 몸으로 제도할 자에게는 거사의 몸을 나타내어 그를 위해 법을 설한다. 재관宰官의 몸으로 제도할 자에게는 재관의 몸을 나타내어 그를 위해 법을 설한다. 바라문婆羅門의 몸으로 제도할 자에게는 바라문의 몸을 나타내어 그를 위해 법을 설한다. 비구, 비구니, 우바새, 우바이의 몸으로 제도할 자에게는 비구, 비구니, 우바새, 우바이의 몸을 나타내어 그를 위해 법을 설한다. 장자, 거사, 재관, 바라문 부녀婦女의 몸으로 제도할 자에게는 부녀의 몸을 나타내어 그를 위해 법을 설한다. 소년소녀의 몸으로 제도할 자에게는 소년소녀의 몸을 나타내어 그를 위해 법을 설한다. 천, 용, 야차, 건달바, 아수라, 가루라, 긴나라, 마후라가, 인비인 등의 몸으로 제도할 자에게는 각각 그 몸을 나타내어 그를 위해 법을 설한다. 집금강신執金剛神으로 제도할 자에게는 집금강신을 나타내어 그를 위해 법을 설한다.

석가모니가 나열한 관세음보살의 변화신은 전부 33개이다. 그 중의 세 가지는 앞에서 이미 들었다.

① 부처의 몸
② 벽지불의 몸

③ 성문의 몸

여기에서는 네 번째인 범왕의 몸부터 차례로 등장하는데 형식은 전부 똑같기 때문에 변화신만을 해설하기로 한다.

④ 범왕의 몸

범왕은 '범천梵天'이라고도 한다. 본래는 인도 신화에 등장하는 신으로, 불교에 흡수되어 제석천과 나란히 2대 호법신의 하나가 되었다. 이 사바 세계를 주재하는 신으로서 '사바주娑婆主'라는 이름도 가지고 있다. 범천에게도 계급이 있어서 위로부터 대범천大梵天, 범보천梵輔天, 범중천梵衆天의 세 종류로 나뉘며, 범천은 총칭이다.

⑤ 제석의 몸

제석천이다. 천天은 산스크리트어 데바(신)를 번역한 말이다. 경전에는 천신天神이라는 말로 자주 등장하는데 '천'과 '신'은 동의어이다. 인드라는 본래 인도 신화에 나오는 천둥의 신으로, 매우 용맹무쌍한 존재였다. 따라서 고대 인도 사회에서는 무인武人의 신으로 여겨졌다. 그런 인드라가 불교에 흡수되어 제석천이 된 것이다.

앞에서도 말했지만 범천과 제석천은 불교의 2대 호법신이다. 그런데 언제나 나란히 등장하는 범천과 제석천이지만 이 두 신이 지배하는 영역은 조금 다르다. 제석천은 '지거천地居天'으로 이 지상 세계에 살고 있다. 그리고 욕계欲界의 신이다. 욕계는 욕망의 세계이다. 이 욕계를 초월한 곳에 색계色界가 있다. 색계의 '색'은 물질이며, 욕계의 음욕을 떠난 물질 그 자체의 세계가 색계이다. 범천은 이런 색계의 신으로서 '공거천空居天' 즉 공중에 살고 있는 신이다.

⑥ 자재천의 몸

⑦ 대자재천의 몸

자재천과 대자재천은 욕계의 신이다. 대자재천은 본래 인도 신화에 등장하는 폭풍의 신으로, 강력한 파괴력을 가진 시바 신이다.

⑧ 천대장군의 몸

천대장군은 전륜성왕을 말한다. 전륜성왕 역시 인도 신화에 나오는 이상적인 제왕이자 지상의 정의를 상징하는 인물이다. 석가모니가 탄생했을 때 히말라야 산에서 아시타 선인이 찾아와 막 태어난 태자(석가모니)의 미래를 두고 "이 아이는 집에 머무른 채 그대로 자라나면 위대한 전륜성왕이 될 것이요, 출가하면 인류를 구제할 부처가 될 인물이다"라고 예언한 것은 유명하다.

⑨ 비사문의 몸

비사문천 역시 불법을 수호하는 하늘의 신으로, 사천왕四天王

가운데 하나이다.

불교의 우주관에 따르면 세계의 중심에 어마어마하게 높은 수미산이 솟아 있다고 한다. 그 수미산 정상에 제석천이 살고 있으며 중턱에 네 명의 천왕이 제석천을 호위하며 동서남북 사방의 세계를 수호한다고 한다. 이것이 사천왕이며, 사천왕이 분담하는 세계는 다음과 같다.

동방 — 지국천持國天
남방 — 증장천增長天
서방 — 광목천廣目天
북방 — 다문천多聞天

이 북방을 수호하는 다문천이 바로 비사문천의 다른 이름이다. 따라서 사천왕은 또한 '호세사천왕護世四天王'이라고도 불린다. 다문천(多聞天, 비사문천)은 수행 공간인 도량을 수호하는 신이며 그 때문에 설법을 들을 기회가 많아서 이런 이름이 생겼다.

⑩ 소왕의 몸

소왕이란 지상 세계 즉 인간 세계의 왕이다. 다시 말해서 국왕이다.

⑪ 장자의 몸

장자란 부호, 자산가를 가리킨다. 불교에서는 코살라국의 수도 사위성 땅에 기원정사를 건립해서 석가모니에게 기증한 수달(須達, 수닷타) 장자가 유명하다. 그는 정사를 건립할 토지를 구입하려고 그 토지에 황금을 깔아서 그것으로 대금을 지불했다고 한다.

인도에는 고대로부터 어마어마한 부를 자랑하는 장자가 있었다. 오늘날의 부호들이 맨발 벗고 따라잡으려 해도 도저히 따라잡을 수 없는 부자다. 어지간한 소득으로는 이《관음경》의 '장자' 축에는 끼지도 못할 것이다. 그렇지만 이런 말은 그만 하자. 괜히 오늘날의 부자도 되지 못하는 나 자신이 비참해진다. 어쩌면 이것은 제3장에 나온 삼독 가운데 하나인 '탐욕'일지도 모른다.

⑫ 거사의 몸

거사 또한 자산가이다. 따라서 장자와 같은데 특히 불교에 귀의한 남성 재가신자를 '거사'라고 부른다. 법명과 함께 이 거사라는 호칭을 붙이기 때문에 비교적 잘 알려진 명칭이다. 하지만 거사는 예로부터 다음 네 가지 조건을 갖추어야만 했다.

a. 관직을 구하지 않는다(즉 공무원이나 군인, 정치가가 되어서는 안 된다).

b. 욕심을 줄이고 그 덕을 숨기고 드러내지 않는다.

c. 재산이 없으면 안 된다(무위도식할 수 있을 만큼의 재산이 없으면 사람은 어느 틈엔가 비열한 생각을 일으켜서 공무원이 되려고 한다).

d. 불도를 수행하여 깨닫는다.

그렇다면 요즘 법명에 붙여지는 '거사'라는 명칭은 너무 헐값에 팔리고 있는 게 아닐까?

⑬ 재관의 몸

바로 앞에서 공무원은 안 된다고 말했지만 공무원이신 독자들은 안심해도 좋다. 여기서 말하는 재관은 관리이며, 바로 요즘의 공무원이다.

⑭ 바라문의 몸

고대 인도의 사성제도(신분제도)에서 가장 높은 자리에 바라문이 있다. 바라문 계급은 이른바 '인텔리 계급'이라고 생각해도 좋을 것이다.

⑮ 비구의 몸

⑯ 비구니의 몸

⑰ 우바새의 몸

⑱ 우바이의 몸

이 네 가지는 '상가(불교 교단)의 4부대중〔四衆〕'으로, 불교 교단을 구성하는 사람들이다. 비구는 남성 출가자로서 250계를 지켜야 하고, 비구니는 여성 출가자로서 남성보다 많은 348계를 지켜야만 한다. 우바새는 남성 재가신자이고, 우바이는 여성 재가신자이다. 우바새와 우바이의 역할은 출가자를 물질적으로 후원하는 일이다.

⑲ 장자 부녀의 몸

⑳ 거사 부녀의 몸

㉑ 재관 부녀의 몸

㉒ 바라문 부녀의 몸

장자, 거사, 재관, 바라문의 아내이다. 관세음보살은 성性을 초월한 존재이다. 하지만 성을 초월한 존재라고 해도 현재 우리 앞에 모습을 나타낼 때는 성별이 문제가 된다. 그러므로 관세음보살은 남성으로서 출현하심과 동시에 그의 아내(여성)로도 나타나신다. 그렇게 하지 않고는 현실적으로 성을 초월할 수 없다.

㉓ 소년의 몸

㉔ 소녀의 몸

아이들이 사랑스러운 것은 새삼 말할 필요 없다. 그 사랑스러운 아이들로 모습을 바꾸어서 관세음보살은 우리를 구제해주신다는 것이다. 독자들 중에는 어쩌면 사랑하는 아이를 잃은 분도 계실지 모르겠다. 그렇다면 이런 식으로 생각해보면 어떨까? 그 아이는 우리에게 불연佛緣을 가르쳐주려고 나타난 관세음보살의 화신이었다고.

㉕ 하늘의 몸

'하늘[天]'이라고 하면 앞서도 말했듯이 '신'과 같은 뜻이다. 하지만 여기에서의 '하늘'은 '귀신'을 말하는 것으로 보인다. 즉 우리를 수호해주는 영적인 존재이다.

㉖ 용의 몸

용은 몸체는 구렁이와 닮았고 등에는 비늘이 있었다. 네 개의 발에는 각각 다섯 개의 발가락이 달렸으며 머리에는 두 개의 뿔이 있었다. 얼굴에는 귀가 달리고 수염이 있었는데 얼굴형이 길었다고들 설명한다. 하지만 이것은 중국의 용이다. 불전에 나오는 용도 상상 속 동물임에는 인도나 중국이 똑같지만 인도산 용은 킹코브라가 바탕이 되고 있다.

㉗ 야차의 몸

야차는 앞에서도 나왔다. 제2장의 '일곱 가지 재난' 가운데 여섯 번째인 귀신의 난에서 '야차 나찰'로 나란히 기재되어 있었다. 앞에서도 설명했지만 야차는 악귀이다. 그러나 우리가 이 악귀를 만나서 '나무관세음보살'이라고 칭명할 수 있다면 악귀는 우리에게 그러한 부처님과의 인연을 만들어준 은인이 된다. 선-악이라는 것은 전부 상대적이다. 그러한 상대적인 것에 얽매여 살면 중요한 것을 놓치고 만다. 선신이라든가 악신이라고 하는 구별은 우리들 범부가 제멋대로 만들어낸 관념에 지나지 않는다. 존재 그 자체는 '공空'이다. 이것을 알았을 때 관세음보살이 야차로 몸을 바꾸어 우리 앞에 나타나주시는 참뜻을 이해할 수 있지 않을까?

㉘ 건달바의 몸

산스크리트어로는 '간다르바'라고 한다. 힌두 신화에서 이 간다르바는 인드라 신의 궁전에 살고 있는 한 무리의 악사로 등장한다. 이것이 불교로 들어와서 제석천의 아악雅樂을 담당하는 신이 되었다. 제석천과 인드라 신은 같은 신이기 때문에 이것은 당연하다. 또한 건달바는 허공을 날아다니면서 연주한다고 한다. 비천飛天의 일종이다.

㉙ 아수라의 몸

아수라는 본래 정의의 신이었다. 하지만 그는 정의에 너무 얽매였다. 정의에 얽매여서 불같이 분노를 터뜨렸다. 다른 사람의 부정을 용서하지 않았던 것이다. 그 때문에 그는 신들의 자리에서 추방당해 마류魔類가 되었다. 그럼에도 불구하고 그에게는 여전히 정의의 분노가 계속 불타오르고 있었다. 아수라는 이런 존재이다.

그런데 불교 용어 중에는 단어 앞에 나오는 '아阿'자를 생략하는 경우가 많다. 그 결과 아미타불은 미타불이 되고, 아라한은 나한이라 불린다. 그와 마찬가지로 아수라도 종종 '수라'라고 표기된다. 또한 극도로 비참한 전란과 투쟁의 장소를 아수라장 또는 수라장이라고 하는데 이것은 아수라가 분노의 신이며 언제나 투쟁하기를 좋아하는 데서 기인했다.

불교는 아무리 정의의 깃발을 높이 들었다 해도 그 사람이 관대하지 않고 편협하며, 타인에 대한 배려가 없는 것을 인정하지 않는다. 그리고 정의에 집착하지 말라고 가르치고 있다. 정의와 부정 둘 다 상대적인 것이기 때문이다. 절대적인 정의란 이 사바 세계에서는 있을 수 없다. 이런 사실을 잊어버리면 안 된다.

㉚ 가루라의 몸

가루라는 금시조라고도 불린다. 인도 신화에 나오는 상상 속의 새로서, 새들의 왕이다. 수미산을 둘러싸고 펼쳐진 사방의 바다를 날아다니며 용을 잡아먹는다고 한다.

㉛ 긴나라의 몸

고운 목소리를 가진 노래의 신으로 마두인신馬頭人身 또는 인

두마신人頭馬身의 귀신이다. 히말라야 산 속에 산다고 한다.

㉜ 마후라가의 몸

'땅에 배와 가슴을 대고 기어가는 것(大胸腹行)'이라는 별칭에서 알 수 있듯이 큰 뱀 또는 이무기의 일종이라고 한다. 뱀의 신이다.

그런데 여기에서 잠시 《관음경》의 구절을 되새겨보자. 지금 말한 내용은 원문에는 이렇게 되어 있다.

應以天 龍 夜叉 乾闥婆 阿脩羅 迦樓羅 緊那羅 摩睺羅伽
응이천 용 야차 건달바 아수라 가루라 긴나라 마후라가
人非人等身 得度者 卽皆現之 而爲說法
인비인등신 득도자 즉개현지 이위설법

천, 용, 야차, 건달바, 아수라, 가루라, 긴나라, 마후라가, 인비인 등의 몸으로 제도할 자에게는 각각 그 몸을 나타내어 그를 위해 법을 설한다.

따라서 이 순서로 말하자면 '마후라가' 다음에는 '인비인人非人'이 와야 한다. 그리고 이 인비인이 관세음보살의 제33번째 변화신이 된다고 할 수 있다.

그렇지만 이건 아니다.

실은 '인비인'이란 것은 천, 용 등과 같은 팔부중(八部衆, 천룡팔부중天龍八部衆)의 총칭이다.

천룡팔부중은 그냥 팔부중이라고 하며 《관음경》의 이 대목에서 나오는 '천' 이하 여덟 가지 변화신을 총칭한 것이다. 즉 천, 용, 야차, 건달바, 아수라, 가루라, 긴나라, 마후라가이다. 이 여덟 종류는 분명히 인간이 아니기 때문에 비인非人이지만 그들도 부처님 앞에 나아갈 때는 인간의 모습을 취하기 때문에 인비인人非人이라 불리는 것이다.

이런 까닭에 인비인은 관세음보살의 33신 중에는 들어가지 않는다. 관세음보살의 제33번째 변화신은 다음의 집금강신이다.

㉝ 집금강신의 몸

'금강저(金剛杵, 부서지지 않는 무기)를 들고 있는 신'이란 뜻으로, 금강역사金剛力士라고도 불린다. 부처님의 호위병이다.

 관세음보살은 시무외자

이렇게 해서 33신의 해설을 마쳤다. 그런데 다시 한 번 33신을 읽어보면 선택의 기준이 좀 엉성하다는 생각이 든다. 예를 들어 여기에 어째서 '서민'이 들어가 있지 않단 말인가.

하지만 관세음보살의 변화신은 무한하다. 다양한 모습을 취해서 우리 앞에 나타나시는데 그런 무한한 변화신을 빠짐없이 전부 나열하기란 불가능하다. 그렇다면 생각나는 대로 열거해보고 일단 어딘가에서 끝내지 않으면 《관음경》은 끝이 없는 경이 되고 말지도 모른다.

이렇게 끝을 맺은 것이 33신이다.

따라서 33신은 무한히 확장되어가는 수의 상징이다.

이렇게 읽는다면 33은 좋은 숫자, 행운의 숫자이다. 이렇게 이해하기로 하자.

한편, 관세음보살의 33신을 열거한 뒤에 석가모니는 무진의보살에게 다음과 같이 말씀하신다.

無盡意 是觀世音菩薩 成就如是功德 以種種形 遊諸國土
무진의 시관세음보살 성취여시공덕 이종종형 유제국토
度脫衆生 是故汝等 應當一心 供養觀世音菩薩
도탈중생 시고여등 응당일심 공양관세음보살
是觀世音菩薩摩訶薩 於怖畏急難之中 能施無畏
시관세음보살마하살 어포외급난지중 능시무외

是故此娑婆世界 皆號之爲 施無畏者
시 고 차 사 바 세 계   개 호 지 위   시 무 외 자

무진의여, 이 관세음보살은 이와 같은 공덕을 이루어서 갖가지 모습으로 온갖 국토에 노닐며 중생을 제도하여 벗어나게 한다. 이런 까닭에 너희들은 일심으로 관세음보살을 공양해야 한다. 이 관세음보살마하살은 두렵고 화급한 재난〔怖畏急難〕속에서 능히 두렵지 않음〔無畏〕를 설한다. 이런 까닭에 이 사바 세계에서 모두가 관세음보살을 시무외자라고 부른다.

관세음보살은 여러 가지 모습으로 이 사바에 출현하셔서 우리들 중생을 구제해주신다. 그러므로 너희는 일심으로 관세음보살에게 공양해라. 관세음보살은 두렵고 위급한 재난이 닥쳤을 때(우리가 두렵거나 곤란한 일을 만났을 때), 우리에게 '무외'를 베풀어주신다. 그러므로 사바 세계에 살고 있는 우리들 인간은 이런 관세음보살을 시무외자라고 부르는 것이다.

석가모니는 이렇게 무진의보살에게 말씀하셨다. 이것으로《관음경》첫머리에서 무진의보살이 석가모니에게 여쭌 질문—"관세음보살은 어찌하여 관세음이라 불리는 것입니까?"—에 대한 석가모니의 설명이 이상으로 끝이 났다.

관세음보살은 다른 이름으로는 시무외자라 한다. 왜냐하면 관

세음보살은 우리를 공포(畏)로부터 구해주시기 때문이다. 이 사바세계는 공포로 가득 차 있다. 하지만 관세음보살의 이름을 부르면 관세음보살은 우리를 즉시 그 두려움에서 구출해주신다. 그러므로 관세음보살은 시무외자이다. 우리는 이 점을 잊지 말아야겠다. 잊지 말아야지만 어려운 일이나 두려운 일과 맞닥뜨렸을 때마다 언제나 관세음보살의 이름을 부를 수 있지 않겠는가.

 6관음, 7관음

이 장을 끝맺기 전에 말해두고 싶은 것이 한 가지 더 있다.

관세음보살은 무한한 변화신을 가지고 계신다. 온갖 것으로 모습을 바꾸어서 우리 앞에 출현하신다. 33신은 관세음보살의 이런 무한한 변화신의 대표적인 예다. 그렇다면 관세음보살의 본래 모습은 어떨까?

예를 들어 관세음보살이 제석천의 모습으로 몸을 바꾸기도 한다고 해서 제석천의 그림을 앞에 놓고 관세음보살이라고 할 수는 없을 것이다. 제석천은 어디까지나 제석천이다. 그렇다면 관세음보살을 그릴 때는 무엇으로 묘사하면 좋을까?

관세음보살의 본래 모습은 6관음 내지 7관음으로 표현된다. 일본의 천태종과 진언종의 6관음은 서로 조금 다르다. 성聖관음, 십일면十一面관음, 천수千手관음, 불공견색不空羂索관음, 마두馬頭관음, 여의륜如意輪관음을 6관음으로 보는 것이 천태종이고, 진언종에서는 여의륜관음 대신 준제准胝관음을 넣고 있다. 또한 공통하는 5관음에 여의륜관음과 준제관음을 더하면 7관음이 된다. 이 7관음에 대해서 조금 설명을 달아둔다.

① 성관음 : 기본이 되는 관세음보살로 정관음正觀音이라고도 부른다.

② 십일면관음 : 머리 위에 열한 개의 얼굴을 붙인 관세음보살이다. 본체인 얼굴[本面] 외에 머리 위에 10개의 얼굴이 붙어 있어서 모두 11면이 되는 것이 통상적인 예이지만 나중에 머리 위에 11면을 올려서 모두 12면이 되었다. 덴표[天平, 일본 나라 시대에 불교 문화를 비롯하여 웅장하고 품격 있는 귀족 문화가 형성되었는데, 이 시기를 쇼무 천황의 연호를 따서 덴표 시대라 부른다 : 역주] 시대 세이린지[聖林寺]의 십일면관음은 11면이고, 홋케지의 십일면관음은 12면이다.

③ 천수관음 : 정확하게는 천수천안관자재보살千手千眼觀自在菩

薩이라고 한다. 중생 구제를 위해 천 개의 손과 천 개의 눈을 가지고 계신 관세음보살이다. 하지만 실제로 천 개의 손을 조상하기란 어려운 일이어서 헤이안 시대 이후에는 본체의 두 손 외에 40개의 작은 손을 더해 42비체臂體가 일반적으로 조성되었다.

④ 마두관음 : 말의 머리를 머리 위에 얹은 관세음보살로서 분노하는 표정이다. 모든 마장魔障을 쳐부수고 악인을 징벌하는 것이 사명이다. 부드러운 관세음보살의 이미지를 이 마두관음에서는 전혀 느낄 수 없다. 보통은 3면 6비로 조성된다.

⑤ 불공견삭관음 : 견羂은 새를 잡는 그물, 삭索은 물고기를 낚는 실이다. 고해에 빠진 중생을 관세음보살이 견과 삭을 가지고 구제하는데 절대로 실패하지 않기〔不空〕때문에 이런 이름이 붙여졌다. 불공견삭관음상은 일정하지 않다.

⑥ 여의륜관음 : 헤이안 이전의 여의륜관음은 1면 2비의 사유하는 모습이어서 종종 미륵보살과 혼동되었다. 헤이안 시대 이후는 1면 6비로 조성되고 손에 여의보주如意寶珠와 법륜法輪을 들고 있다.

⑦ 준제관음 : 준제불모准胝佛母, 칠구지불모七俱胝佛母라고도 불리며, 과거 무량한 부처들을 낳은 어머니인 관세음보살이다. 머리 위의 보배관에는 화불(化佛, 화불에는 두 가지 뜻이 있다. 첫째는 중생

을 제도하기 위해 불보살이 신통력으로 모습을 변화시킨 것이고, 둘째는 부처님이 중생을 제도하기 위해 다른 모습으로 제 몸을 변화시킬 때 그 본래의 부처〔本地佛〕를 표시하기 위해 머리에 붙이는 작은 불상을 가리키는 것이다. 따라서 관세음보살의 머리 위에 모셔진 화불은 아미타불이다 : 역주)을 붙이고 있지 않다.

이상 관세음보살상의 기본이 되는 7관음을 소개했는데 관음상에는 이 밖에도 여러 가지 상들이 있다. 백의관음, 순산을 도와준다는 관음(코야스관음), 미가와리〔身代〕관음(미가와리란 다른 사람의 몸을 대신하는 대역代役을 뜻하는 말이다. 또는 다른 사람을 대신해서 죽는 것을 뜻하기도 한다. 예를 들면, 일본 오토바〔音羽〕의 고코쿠지〔護國寺〕에는 미가와리 지장보살〔身代リ地藏尊〕이라는 보살상이 있는데, 이 보살상은 제2차 세계대전이 끝나고 난 뒤 전범자로 사형을 당한 사람들의 명복을 빌기 위해 조성했다 : 역주, 나카무라 하지메의《佛敎語大辭典》참고), 유녀遊女관음, 마리아관음 등등 한도 끝도 없다. 관세음보살이 무한한 변화신을 가지고 계신다는 것이 이로써 증명된다. 관음상의 가장 큰 특징은 보배관에 화불을 붙이고 있다는 것이다. 다만, 준제관음만은 예외이다. 그래서 준제관음을 관세음보살에 포함시키지 않는 학자도 있다.

제7장
청정한 보시

— 무진의보살은 부처님에게 말했다. "세존이시여, 저는 이제 관세음보살을 공양하겠습니다." 그리고 이내 값어치가 백천냥금이나 되는 온갖 보배구슬의 영락을 목에서 풀어내어 관세음보살에게 바치면서 이렇게 말했다. "인자여, 이 법시法施인 진귀한 보배 영락을 받아주소서." 이때 관세음보살은 감히 받으려 하지 않았다. 무진의는 다시 관세음보살에게 말했다. "인자여, 우리를 가련하게 여기신다면 이 영락을 받아주소서." 그때 부처님은 관세음보살에게 말씀하셨다. "이 무진의보살과 사부대중, 천, 용, 야차, 건달바, 아수라, 가루라, 긴나라, 마후라가의 인비인 등을 불쌍히 여긴다면 이 영락을 받아라." 그러자 곧 관세음보살은 모든 사부대중과 천, 용, 인비인 등을 불쌍히 여겨서 그 영락을 받아 둘로 나누어 한몫은 서가모니불에게 바치고 한몫은 다보불多寶佛의 탑에 바쳤다. "무진의여, 관세음보살은 이와 같이 자재로운 신통력이 있어서 사바 세계에 노닌다."

진주 목걸이

경전을 읽다보면 때때로 알 듯 말 듯한 장면을 만나게 된다. 문장이 어려운 것은 아닌데 어째서 그런 내용이 설해져 있는지 시원하게 설명할 수 없는 장면들이 들어 있다. 그렇다고 경전의 내용을 내 멋대로 해석한다는 건 아니다. 나는 지금까지 내 상식으로 경전을 읽어온 적이 없다. 상식으로 경전의 당위를 판단할 수 있다고는 생각하지 않기 때문이다. 나는 경전에서 배우고, 경전에서 가르침을 받고 있을 뿐이다.

그렇지만 때로 도무지 이해할 수 없을 때가 있다. 지금 읽으려는 부분이 바로 그러하다. 대체 어떤 부분이 그토록 이해할 수 없는지 경전을 읽어나가면서 이야기하기로 하겠다.

無盡意菩薩 白佛言 世尊 我今當供養 觀世音菩薩
무진의보살 백불언 세존 아금당공양 관세음보살

卽解頸衆寶珠瓔珞 價値百千兩金 而以與之 作是言 仁者
즉해경중보주영락 가치백천양금 이이여지 작시언 인자

受此法施 珍寶瓔珞 是觀世音菩薩 不肯受之
수차법시 진보영락 시관세음보살 불긍수지

무진의보살은 부처님에게 말했다. "세존이시여, 저는 이제 관세음보살을 공양하겠습니다." 그리고 이내 값어치가 백천냥금이나 되는 온갖 보배구슬의 영락을 목에서 풀어내어 관세음보살에게 바치면서 이렇게 말했다. "인자여, 이 법시인 진귀한 보배 영락을 받아주소서." 이때 관세음보살은 감히 받으려 하지 않았다.

"무진의보살이여, 관세음보살의 공덕은 이처럼 크다. 그러니 그대들 중생은 일심으로 관세음보살을 공양해야 한다."

석가모니는 관세음보살에 대한 해설의 마지막을 이렇게 끝맺었다. 그러자 그런 석가모니의 충고에 따라 무진의보살이 행동했다. 즉 무진의보살은 다음과 같이 말한다.

"이제 제가 그 공양을 올리겠습니다."

그리곤 즉시 목에 걸고 있던 보석 영락을 끌러서 관세음보살에게 내밀었던 것이다. 보석 영락이란 보석이나 진주로 만든 장신구이다. 목걸이라고 해도 좋은데, 영瓔은 목 부분의 장식이고, 락珞은 가슴 부분의 장식이다. 산스크리트어본에서는 '진주 목걸이'라고 되어 있다. 백천냥금百千兩金이라는 아주 값비싼 목걸이를 무진의보살이 관세음보살에게 내밀었던 것이다.

"인자여, 이 법시를 받아주십시오."

이렇게 무진의보살은 말했다. 하지만 관세음보살은 받기를 거부했다고 경전에 쓰여 있다. 여기에 두 가지 의문이 있다.

첫째는 진주 목걸이(라고 해두자)라면 그것은 재시財施다. 그런데 무진의보살은 그것을 법시法施라고 말하고 있다. 왜일까?

또 한 가지 의문은 — 이게 더 큰 문제이겠는데 — 어째서 관세음보살은 받기를 거부했던 것일까이다.

 재시일까 법시일까

첫 번째 의문은 그다지 심각하게 느껴지지 않는다.

보시(산스크리트어로 dāna, 檀那)란 사람에게 물건을 베풀어주는 일 혹은 스님에게 주는 금전이나 물건을 가리킨다. 그런데 이것은 틀렸다. 왜냐하면 보시를 할 때 '내가 당신에게 베풀어주는 거야'라는 마음이 들어 있다면 진정한 보시가 될 수 없기 때문이다. 또 한 신자가 스님에게 재물과 금전을 드리는 행위가 보시인 것은 틀림없지만 이것은 재시로서 보시의 일부이다. 반대로 스님이 신자에게 가르침(법)을 설하는 것도 중요한 보시이며, 이것은 법시라고 불린다. 나아가 앞장의 끝부분에서 관세음보살은 시무외자라는 다른 이름으로도 불린다고 했는데 이 무외를 보시하는 일도 훌륭한 보시다. 따라서 보시에는 세 가지가 있는 것이다.

① 신자가 스님에게 주는 재물이나 금전의 보시 : 재시
② 스님이 신자에게 가르침을 설하는 일 : 법시
③ 보살이 중생에게 주는 것 : 무외시

그렇다면 무진의보살은 진주 목걸이를 바쳤으므로 이것은 재시라 불려야 마땅하다. 그런데도 무진의보살은 이것을 법시라고 부르고 있는데 대체 무슨 이유가 있는 것일까?

그렇지만 재시니 보시니 하는 것도 그저 편의상 나누는 것일 뿐이어서 그런 구별에 지나치게 얽매일 필요는 없다. 예를 들면 타인에게 부드러운 말을 건네는 일〔愛語〕도, 그 말에 의해서 타인의 마음이 온화해진다면 이것 또한 훌륭한 보시다. 말이 아니어도 괜찮다. 언제나 생글생글 웃는 부드러운 얼굴을 하고 있는 것〔和顔〕도 훌륭한 보시다. 그렇다면 이런 부드러운 말이나 표정은 재시일까, 법시일까, 아니면 무외시일까? 나는 무외시에 가깝다고 생각하지만 그렇더라도 이런 식으로 분류할 필요는 없다. 무진의보살의 보시도 그 자신이 그것을 재물로 보고 있지 않다면 특별히 '재시'로

분류할 필요가 없을 것이기 때문이다. 나는 이렇게 생각한다.

중생을 불쌍히 여기는 까닭에

그런데 또 한 가지 의문은 그렇게 간단하게 풀릴 것 같지 않다.
관세음보살은 왜 무진의보살의 보시를 받으시려 하지 않았을까? 이에 대해서는 다양한 설명이 베풀어져왔다.

관세음보살은 이미 목걸이를 가지고 계시기 때문이라는 견해도 있다. 물론 이 말도 맞다. 하지만 나는 이런 견해에 그다지 찬성하지 않는다. 만약 그렇다면 재산을 가지고 있지 않은 지장보살은 "네, 고맙습니다"라며 기다렸다는 듯이 손을 내밀어 그것을 받으실 거라는 말인가? 게다가 누군가가 물건을 줄 때 "나는 더 좋은 걸 갖고 있기 때문에 필요 없습니다"라고 사양하는 것은 너무나 큰 실례이다. 상대방의 호의에 찬물을 끼얹는 셈이 된다.

관세음보살은 선물을 받으실 입장이 아니기 때문이라는 해석도 있다. 나는 이 해석 쪽에 찬성한다. 이렇게 해석하면 곧이어 석가모니의 충고를 받아들여 진주 목걸이를 관세음보살이 받으시는 의미를 쉽게 알 수 있다.

그러면 이제 조금 더 경전을 읽어나가기로 하자.

無盡意 復白觀世音菩薩言 仁者 愍我等故 受此瓔珞
무진의 부백관세음보살언 인자 민아등고 수차영락
爾時 佛告 觀世音菩薩 當愍此無盡意菩薩 及四衆 天 龍
이 시 불고 관세음보살 당민차무진의보살 급사중 천 용
夜叉 乾闥婆 阿脩羅 迦樓羅 緊那羅 摩睺羅伽
야차 건달바 아수라 가루라 긴나라 마후라가
人非人等故 受是瓔珞
인비인등고 수시영락

무진의는 다시 관세음보살에게 말했다. "인자여, 우리를 가련하게 여기신다면 이 영락을 받아주소서." 그때 부처님은 관세음보살에게 말씀하셨다. "이 무진의보살과 사부대중, 천, 용, 야차, 건달바, 아수라, 가루라, 긴나라, 마후라가의 인비인 등을 불쌍히 여긴다면 이 영락을 받아라."

무진의보살은 관세음보살에게 이렇게 말하고 있다.

"우리를 불쌍히 여기신다면 보시를 받아주십시오."

우리라는 말에서 무진의보살 혼자의 마음이 아님을 알 수 있다. 즉 이것은 본인은 그 대표일 뿐이고 자기 배후에는 이런 보시를 하는 중생들이 아주 많이 모여 있다는 의미이다.

그리고 석가모니가 이 무진의보살의 발언을 응원해주고 계신다. "관세음보살이여, 무진의보살이 말한 그대로이다. 그 사람 혼자가 아니라 비구 비구니 우바새 우바이의 사부대중이 있다. 게다가 천룡팔부중도 있다. 이들 중생에 대한 연민 때문에라도 그대는 보시를 받아야 한다"라고 석가모니는 옆에서 충고하셨다.

그래서 관세음보살은 그 영락을 받으셨다. 그러고 난 후에 이것을 어떻게 하셨는지 이제 읽어나갈 참이다. 그에 앞서 우리는 '중생을 가엾이 여기는 까닭에'라는 표현을 조금 검토해보기로 하자.

삼륜청정의 보시

관세음보살이 보시를 받으실 입장이 아님은 앞에서 기술했다. 적어도 관세음보살은 스스로 그렇게 판단해서 무진의보살의 보시를 거절하셨다. 나는 이렇게 생각한다.

그렇다면 어째서 관세음보살은 당신 자신이 보시를 받을 입장이 아니라고 생각하셨을까?

그것은 보시의 본질을 생각하면 자명해진다.

보시는 자기를 위해서 하는 수행이다. 우리 마음속에 있는 물욕 — 불교에서는 이것을 탐욕이라고 부르며, 삼독 가운데 하나이다. 제3장에서 설명했다 — 을 버리기 위해서 하는 행위가 보시다.

인간이란 재물을 가지면 가질수록 인색해진다. 이건 나 자신의 체험과 견문에서 보아도 정말 그렇다. 가난했을 때 오히려 마음은 넉넉했다.

우리는 보시함으로써 그 인색한 마음, 물욕심, 째째한 마음을 버릴 수 있다. 그 물건을 필요로 하고 있는 사람에게 흔쾌히 물건을 주었을 때의 마음의 상쾌함은 누구나 경험했으리라. 보시를 하면 이런 상쾌한 마음을 얻기 때문에 보시는 자신을 위한 행위다. 자신의 물욕을 버리게 해주기 위한 수행이다.

따라서 보시는 상대방을 위해서 하는 것이 아니다. 어려운 사람에게 은혜를 베풀어서 주는 행위가 아니다. 이런 느낌이 조금이라도 있으면 보시는 완전하지 못하게 된다.

예로부터 삼륜청정三輪淸淨의 보시라는 말이 있다. 보시에서 중요한 점은 주는 사람의 마음이 청정해야만 함은 물론이요, 받는 측도 비굴한 마음을 품어서는 안 된다. 물건을 받고서 은혜를 느끼고 이것을 부담스럽게 여기게 된다면 이것은 보시가 아니라 적선인 것이다. 받는 쪽에서 보면 '사장님 사모님 들, 부디 은혜를⋯'이라고 하는 일종의 구걸 행위가 된다. 이것이 보시가 될 수 있으려면 주는 사람, 받는 사람 그리고 이 둘 사이에 있는 물건이 청정해야만 한다. 이것이 삼륜청정의 보시다.

어찌되었거나 보시라고 하는 수행이 자기를 위한 것이라는 점을 유념해야만 한다.

그런데 관세음보살은 시무외자라는 별명을 가지고 계신다. 이것은 우리에게 무외 ─ 두렵지 않음 ─ 를 베풀어주시기 때문이다. 즉 우리들 중생에게 관세음보살은 무외를 보시해주시고 있는 것이다.

그렇다면 어째서 관세음보살은 우리에게 보시하시는 것일까?

답은 오직 하나. 관세음보살은 당신 자신의 수행을 위해서 보시를 하고 계신다는 말이다. 이렇게밖에는 생각할 수가 없다.

그렇기 때문에 관세음보살은 무진의보살의 공양을 거부하신 것이다. 자신의 수행으로 행하고 있는 데에 공양을 받아버리면 더 이상 수행이 되지 못할 우려가 있기 때문이다. 자칫하다가는 일종의 보수가 되고 만다. "예, 당신의 공포심을 제거해드렸습니다. 대금은 약 ○○○원입니다." 설마 관세음보살이 장사를 하실리야 없겠지만 중생측에서 이렇게 여기지 말라는 법도 없다. 그래서 관세음보살은 거절하신 것이다.

나는 이렇게 생각한다.

관세음보살을 통해서 부처님에게로

관세음보살이 거절하신 이유는 앞에서 설명했는데, 그렇다면 석가모니가 마음을 바꾸라고 설득하신 것은 무슨 이유에서일까? 또 하나의 문제가 남아 있다.

석가모니는 중생을 불쌍히 여겨서 그 공양을 받아주라고 말씀하셨다. 관세음보살이 공양을 받아주시지 않으면 중생 쪽에서는 보시할 수가 없게 되기 때문이다. 보시함으로써 물욕을 버려야만 하는 쪽은 관세음보살이 아니라 우리다. 그런 우리들 중생이 보시할 기회는 관세음보살이 만들어주시는 수밖에 없다. 그러므로 석가모니는 관세음보살에게 무진의보살의 보시를 받도록 충고하셨던 것이다.

그리고 관세음보살은 이런 석가모니의 충고를 따르셨다. 이 부분을 읽어보자.

卽時觀世音菩薩 愍諸四衆 及於天 龍 人非人等 受其瓔珞
즉시관세음보살 민제사중 급어천 용 인비인등 수기영락
分作二分 一分奉釋迦牟尼佛 一分奉多寶佛塔 無盡意
분작이분 일분봉석가모니불 일분봉다보불탑 무진의
觀世音菩薩 有如是自在神力 遊於娑婆世界
관세음보살 유여시자재신력 유어사바세계

그러자 곧 관세음보살은 모든 사부대중과 천, 용, 인비인 등을 불쌍히 여겨서 그 영락을 받아 둘로 나누어 한몫은 석가모니불에게 바치고 한몫은 다보불의 탑에 바쳤다. "무진의여, 관세음보살은 이와 같이 자재로운 신통력이 있어서 사바 세계에 노닌다."

우리들 중생에 대한 연민 때문에 관세음보살은 무진의보살로부터 진주 목걸이를 받으셨다. 그리고 이 목걸이를 둘로 나누어서 하나를 석가모니불에게, 또 하나를 다보불의 탑에 바쳤다. 다보불은 아득한 옛날의 과거불이다. 이 부처님은 《법화경》의 가르침의 진실함을 증명하기 위해 석가모니불이 《법화경》을 설하실 때 이 세계에 출현하신다. 다보불은 탑 속에 결가부좌 자세로 출현하신 뒤에 그 탑 속으로 석가모니불을 초대하여 들여서 나란히 앉으신다. 그래서 관세음보살은 나란히 앉아계신 두 분의 부처님에게 목걸이를 둘로 나누어서 공양을 올린 것이다.

　이것은 상징적인 이야기다.

　목걸이는 우리들 중생을 대표해서 무진의보살이 관세음보살에게 바친 것이다. 이런 목걸이를 관세음보살은 석가모니불과 다보불에게 공양했다. 즉 우리가 관세음보살에게 공양한 보시는 반드시 부처님에게 닿는다는 의미이다. 이렇게 해석하면《관음경》이 무엇을 우리에게 가르쳐주고 있는지 잘 알 수 있다.

　우리는 수행의 차원에서 보시를 해야만 한다. 그러나 그 보시가 반드시 재시이어야 할 필요는 없다. 지하철에서 조금이라도 앉은 자세를 좁혀서 옆 사람이 기분 좋게 앉아 갈 수 있게 해주는 것도 보시행의 하나이다. 건널목에서 놀고 있는 아이들에게 부드럽게 주의를 주는 일도 보시행이다. 그리고 당신 옆에 앉아 있는 사람은 틀림없이 관세음보살의 화신이다. 건널목에서 놀고 있는 아이들은 관세음보살이 소년소녀로 모습을 바꾸어 나타나신 것이다. 우리에게 보시라고 하는 중요한 수행을 하게 해주려고 굳이 이런 모습으로 나타나신 것이다.

그리고 우리들이 한 보시는 고맙게도 관세음보살을 거쳐서 부처님에게 닿는 구조로 이루어져 있다. 그러므로 우리는 안심하고 보시를 해도 좋다.

나아가, 더 고마운 것은 관세음보살이 우리에게 무외를 보시해 주시고 있다는 점이다. 이런 점을 잊지 말기를 바란다. 그리고 살면서 어려운 일이나 두려움에 직면했을 때 관세음보살의 이름을 불러서 관세음보살에게 매달리자. 그러면 우리는 반드시 어려움이나 두려움에서 벗어날 수가 있다.

관세음보살은 이렇게 도와주신다.

"관세음보살은 이와 같이 자재로운 신통력이 있어서 사바 세계에 노닌다."

관세음보살은 이런 분이다.

제8장
시詩로 응답하다

― 그때 무진의보살은 게송으로 여쭈었다.

"세존은 미묘한 특징(妙相)을 갖추셨습니다. 저는 이제 다시 여쭙겠습니다. 불자佛子는 어떤 인연이 있어서 관세음이라고 불리는 것입니까?"

미묘한 특징을 갖추신 세존은 게송으로 무진의에게 답하셨다.

"그대여, 관세음보살의 행이 모든 방향과 장소에 잘 응하는 것을 들어보아라.

홍서弘誓의 깊기가 바다와 같고, 겁劫을 지내온 것도 불가사의하다. 수많은 천억의 부처님을 받들면서 대청정大淸淨의 서원을 세웠다.

나는 그대를 위해 간략하게 설하리라. 이름을 듣고 그 몸을 보고 마음으로 생각하여 헛되지 않으면 능히 모든 괴로움을 없애리라.

설령 해치려는 마음을 일으킨 자가 커다란 불구덩이로 떠민다 해도 저 관세음의 힘을 생각하면 불구덩이는 연못으로 변하리라.

혹은 망망대해를 표류하면서 용이나 물고기, 여러 귀신들의 재난을 만났을 때 저 관세음의 힘을 생각하면 거친 파도도 능히 그를 집어삼키지 못하리라.

혹은 수미산 봉우리에서 누군가에게 떠밀려 추락하려 할 때 저 관세음의 힘을 생각하면 태양처럼 허공에 머물게 되리라.

혹은 악인에게 쫓겨서 금강산에서 추락하려 할 때 저 관세음의 힘을 생각하면 털끝 하나도 다치지 않으리라.

혹은 원적怨賊에게 둘러싸여 저마다 칼을 들고서 해치려 할 때 저 관세음의 힘을 생각하면 그들 모두가 이내 자심을 일으키리라.

혹은 왕난王難의 괴로움을 만나 형刑을 받아서 목숨을 마치려 할 때 저 관세음의 힘을 생각하면 칼은 잇따라 조각조각 부서지리라.

혹은 갇혀서 칼과 쇠사슬에 묶이고 손과 발에 수갑과 차꼬가 채워졌을 때 저 관세음의 힘을 생각하면 시원스레 벗어날 수 있으리라.

저주와 온갖 독약으로 몸에 해를 입으려 할 때 저 관세음의 힘을 생각하면 오히려 해치려던 당사자에게 해가 돌아가리라.

혹은 사악한 나찰, 독룡, 온갖 귀신 등과 마주쳤을 때 저 관세음의 힘을 생각하면 그때 모두가 감히 해치지 못하리라.

만약 맹수들에게 둘러싸여 그들의 예리한 이빨과 발톱의 위협을 받을 때도 저 관세음의 힘을 생각하면 맹수들은 급히 사방으로 흩어지리라.

독사〔蚖蛇〕와 살무사, 전갈의 독기가 타오르는 불길처럼 맹렬해도 저 관세음의 힘을 생각하면 목소리가 닿아 저절로 사라져버리리라.

구름 끼고 천둥이 울며 번개가 번쩍이고 우박이 퍼붓고 큰비가 쏟아져도 저 관세음의 힘을 생각하면 그때에 맞추어 멈추게 되리라.

중생이 재난을 당하여 한없는 괴로움을 온몸에 받을 때 관세음의 묘지력妙智力이 능히 세간의 괴로움에서 구제해주리라.

신통력을 갖추고 널리 지혜의 방편을 닦아서 시방 모든 국토에 몸을 나타내지 않는 일이 없네.

온갖 악한 갈래인 지옥, 귀신, 축생과 생로병사의 괴로움을 점점이 모조리 멸해주네.

관세음보살에게는 진관眞觀, 청정관清淨觀과 광대지혜관廣大智慧觀, 비관悲觀 및 자관慈觀이 있다. 언제나 바라고 언제나 우러러야 한다.

관세음보살은 무구청정한 빛이 있어서 혜일慧日은 모든 어둠을 깨고 능히 재난의 풍화風火를 꺾으며 두루 밝게 세간을 비춘다.

비체悲體의 계戒는 우레처럼 진동하고, 자의慈意는 미묘한 큰구름과 같다. 감로의 법우를 쏟으며 번뇌의 불길을 꺼버린다.

다투고 소송하여 관처(官處, 법원)를 드나들고, 군대 진영 속에서 두려움이 일어날 때 저 관세음의 힘을 생각하면 온갖 원한들은 모두 사라지리라.

관세음보살의 음성은 묘음妙音이고 관세음觀世音이며 범음梵音이고 해조음海潮音이며 승피세간음勝彼世間音이다. 그러므로 모름지기 언제나 생각해야 한다.

생각생각에 의심을 일으키지 말라. 관세음은 정성淨聖으로서 고뇌사액苦惱死厄을 당할 때 능히 의지처가 되어준다.

(관세음보살은) 일체의 공덕을 갖추고 자애로운 눈으로써 중생을 둘러보니 복의 덩어리가 바다의 무량함과 같다. 이런 까닭에 모름지기 정례해야 한다."

그때 지지보살은 곧 자리에서 일어나 앞으로 나아가 부처님께 여쭈었다. "세존이시여, 이 관세음보살품의 자재로운 업, 보문시현의 신통력을 들은 사람의 공덕은 적지 않으리라는 사실을 알아야만 할 것입니다." 부처님이 이 보문품을 설하고 나셨을 때 대중 가운데 팔만사천 명의 중생은 모두 무등등한 아뇩다라삼먁삼보리심을 내었다.

 세존게

　대승불교 경전 중에는 산문과 운문이 함께 들어 있는 것이 많다. 산문 형식을 장행長行이라 하고 운문 형식을 게송偈頌이라고 하는데, 전반부를 장행으로 설하고 후반부를 게송으로 설하는 것이다. 그리고 대부분 게송 부분의 내용은 장행 부분의 내용을 반복하고 있다.

　굳이 같은 내용을 게송으로 되풀이하는 이유는 그렇게 반복함으로써 청중의 인상이 증폭되기 때문이다. 게다가 완전히 똑같은 내용도 아니다. 같은 내용을 반복하고 있는 것 같지만 의외로 새로운 요소를 첨가하는 경우가 많다.

　따라서 산문으로 말한 것을 운문으로 반복하는 경전의 경우, 게송에 의한 재설再說에는 그 나름의 의미가 있는 것이다.

　우리의《관음경》도 이 게송에 의한 재설의 부분이 있고, 이제부터 그 내용이 시작된다. 이 게송은 '세존…'이라는 말로 시작하기 때문에 예로부터 '세존게世尊偈'라 불리고 있다.

　여기에서 문헌학적인 설명을 조금 언급한다면,《관음경》이《묘법연화경》의 한 품(1장)임은 이미 말했지만 실은 구마라집이 번역한 《묘법연화경》의 〈관세음보살보문품〉, 즉 《관음경》에는 이 '세존게'가 없었다. 누군지는 밝혀지지 않았지만 후세 사람 누군가가 라집 역에 '세존게'를 덧붙여 현재와 같은 형으로 완성시킨 것이다. 따라서 《법화경》 해석에 권위가 있다고 하는 천태 대사 지의智顗의 〈법화삼대부法華三大部〉, 〈관음현의觀音玄義〉, 〈관음의소觀音義疏〉 속에는 이 게송 부분에 대한 설명이 빠져 있다.

지금부터 세존게를 읽어나가기로 하자.

단, 읽는 방법에 있어서 기본적인 문제는 이미 제1장에서 제7장까지 해설했으므로 여기에서는 게송에서 새롭게 제기된 문제에 한해서 논하기로 한다.

爾時 無盡意菩薩 以偈問曰
이시 무진의보살 이게문왈

그때 무진의보살은 게송으로 여쭈었다.

'그때'라는 것은 석가모니의 이야기가 끝났을 때이다. 하지만 동시에 이 '그때'는 제1장에서 말한 '그때'와 대응하고 있다

(39~40페이지 참고). 우리가 막 새로운 출발을 하려고 하는 바로 이 순간이 '그때'인 것이다. 그때, 무진의보살은 새롭게 출발하고자 석가모니에게 게송(운문, 시)으로 질문했다.

> 世尊妙相具 我今重問彼 佛子何因緣 名爲觀世音
> 세존묘상구 아금중문피 불자하인연 명위관세음
>
> "세존은 미묘한 특징을 갖추셨습니다. 저는 이제 거듭 그에 대해 질문하려 합니다. 불자는 어떤 인연이 있어서 관세음이라고 불리는 것입니까?"

"세존은 미묘한 특징을 갖추셨"다는 말은 무진의보살이 석가모니에게 인사를 올리는 말이다. 미묘한 특징[妙相]이란 구체적으로는 32상이다. 석가모니 부처님에게는 범부에게서 볼 수 없는 32가지의 상서로운 특징이 있다고 한다.

예를 들어 광장설상(廣長舌相, 혀가 길어서 쭉 늘이면 이마의 머리칼이 난 언저리까지 닿는다), 족안평상(足安平相, 평발), 사십치상(四十齒相, 치아가 40대나 된다!), 수족만망상(手足縵網相, 손가락과 발가락 사이에 개구리처럼 막이 있다), 마음장상(馬陰藏相, 평상시에는 남근이 몸속에 숨어들어가 있다)… 등이 있다.

우리 같은 보통 사람들에게는 이런 점들이 그다지 상서로운 특징으로 여겨지지 않을 것이다. 아마 이것들은 불상 조상造像 기술의 문제일지도 모른다. 나는 그렇게 추리하고 있다.

그와 같은 미묘한 상을 갖추고 계신 석가모니에게 무진의보살이 여쭈었다. 관세음(불자)은 어찌해서 관세음이라는 이름을 갖게 되었는가라고. 이 물음은 장행 부분과 일치한다.

具足妙相尊 偈答無盡意 汝聽觀音行 善應諸方所
구족묘상존 게답무진의 여청관음행 선응제방소
弘誓深如海 歷劫不思議 侍多千億佛 發大淸淨願
홍서심여해 역겁부사의 시다천억불 발대청정원

미묘한 특징을 갖추신 세존은 게송으로 무진의에게 답하셨다. "그대여, 관세음보살의 행이 모든 방향과 장소에 잘 응하는 것을 들어보아라.
홍서의 깊기가 바다와 같고, 겁을 지내온 것도 불가사의하다. 수많은 천억의 부처님을 받들면서 대청정의 서원을 세웠다.

그러자 석가모니(미묘한 특징을 갖추신 분)가 시詩로 무진의보살의 질문에 답하셨다.

관세음보살은 천억千億이라는 수많은 부처님을 모시면서 수행했다. 따라서 그 관세음보살의 행은 모든 방위, 모든 장소에 걸쳐 있다. 또한 천억의 부처님이 계신 곳에서 일으킨 대청정大淸淨의 원─ 홍서弘誓의 깊기가 마치 바다와 같아서 겁劫이라고 하는 천문학적인 시간의 단위를 가지고도 짐작할 수 없을 정도로 깊은 것이다.

홍서라는 것은 넓은 서원이란 뜻으로, 사홍서원이 대표적이다. 부처나 보살은 모두 원을 세워서 수행한다. 아미타불은 48원을 세웠고, 약사여래에게는 12대원이 있다.

하지만 그런 불보살의 원을 요약한다면 결국은 네 가지 원, 즉 사홍서원으로 요약할 수 있다. 따라서 사홍서원은 불보살에게 공통하는 원이라고 말할 수 있다. 관세음보살의 대청정의 원도 이 사홍서원과 통한다고 보아도 좋다.

사홍서원은 다음 네 가지이다.

① 중생무변서원도衆生無邊誓願度 : 중생은 헤아릴 수 없이 많지만 맹세코 이들을 구제하고 해탈시키기를 바람.

② 번뇌무진서원단煩惱無盡誓願斷 : 다함없는 번뇌를 맹세코 단멸할 것을 바람.

③ 법문무량서원학法門無量誓願學 : 불교의 가르침인 법문은 헤아릴 수 없이 많지만 맹세코 이것을 다 배우기를 바람.

④ 불도무상서원성佛道無上誓願成 : 부처의 깨달음은 가장 높고 으뜸이지만 맹세코 이것을 달성하기를 바람.

관세음보살은 이와 같은 청정한 원을 세우고 수많은 부처님을 모시면서 자신은 성불하지 않고 수행을 쌓아가고 있다. 이것은 우리들 중생에 대한 관세음보살의 자비심의 표출이다.

我爲汝略說 聞名及見身 心念不空過 能滅諸有苦
아위여약설 문명급견신 심념불공과 능멸제유고

나는 그대를 위해 간략하게 설하리라. 이름을 듣고 그 몸을 보고 마음으로 생각하여 헛되지 않으면 능히 모든 괴로움을 없애리라.

'나'는 석가모니이다. 이제부터 석가모니 부처님이 관세음보살의 공덕을 간단하게 설명해주신다. 상대는 무진의보살이지만 그를 대표로 하여 우리들을 향하여 설법해주시는 것이다.

그대는 관세음보살의 이름을 듣고 그 모습에 절하고, 그리고 관세음보살을 마음으로 생각한다면 반드시 모든 괴로움으로부터 달아날 수가 있다. 예를 들면…이라고 하여 우리가 인생에서 마주치는 여러 가지 재난을 열거하면서 관세음보살의 공덕과 이익을 설명한다.

지금부터는 제2장에서 말한 일곱 가지 재난 부분에 대응하고 있다. 하지만 게송에서는 12가지 재난이 열거되고 있기 때문에 '7난難'이 아니라 '12난'이다.

假使興害意 推落大火坑 念彼觀音力 火坑變成池
가사흥해의 추락대화갱 염피관음력 화갱변성지

설령 해치려는 마음을 일으킨 자가 커다란 불구덩이로 떠민다 해도 저 관세음의 힘을 생각하면 불구덩이는 연못으로 변하리라.

이것은 불의 재난[火難]이다. "해치려는 마음을 일으킨"이라는 것은 뜻하지 않은 재난이 아니라는 말이다. 상대방은 분명히 당신을 해치려는 뜻을 품고 있다. 당신을 불태워 죽이려고 불구덩이로 밀어넣은 것이다. 하지만 그럴 때 관세음보살의 힘을 생각하면 그 치열하게 타오르는 불구덩이도 순식간에 연못으로 변한다. 이것이 관세음보살의 기적이다.

불의 재난을 어떻게 해석할 것인가. 실제 불바다라고 보아야 할 것인가 그렇지 않으면 상징으로 보아야 할 것인가. 나는 제2장에서 말했듯이 '불로 분류되는 재난'이라고 읽고 있다. 따라서 실제의 불에 의한 재난도 여기에 포함된다.

한 가지만 덧붙인다면, 우리는 타인에게서 지독하게 부당한 대우를 받으면 '나는 저 사람에게 아무런 악한 일을 한 적이 없는데'라며 억울해한다. 하지만 이건 어리석은 생각이다. 삼독 가운데 하나인 어리석음이 일으킨 발언이다.

앞에서도 말한 것 같지만, 이 세상에 원인 없이 결과만 있는 것은 없다. 타인에게서 받은 지독하게 부당한 대우(결과)에 대해서는 반드시 그에 상응하는 원인이 자신에게 있다. 이것을 알지 못한다면 그대는 구제받지 못할 것이다.

반대로, 그것을 알았을 때 '아, 내가 저 사람에게 그런 짓을 했구나. 그때 내게는 악의가 없었지만 저 사람은 상당히 괴로웠던 모양이다. 지금의 이 결과는 그 일의 당연한 과보이다. 저 사람에게 원한을 품지 말고 나를 반성해야겠다'라고 생각한다면, 그때 그대에게는 불의 재난이 사라져버린다.

그러나 말은 이렇게 하지만 우리는 범부이다. 좀처럼 이런 생각이 들지 않는다.

그럴 때 우리는 관세음보살을 생각해야 한다. 그리고 관세음보살에게 모든 것을 맡기면 된다. 관세음보살을 생각하면 괴로움의 불도 금방 사라진다.

염피관음력念彼觀音力.

《관음경》의 유명한 문구인 염피관음력이 여기에 처음 나온다. 이 구절을 어떻게 읽느냐는 예로부터 논쟁거리였다.

저 관세음의 힘을 생각하면 : 타력他力의 의미가 담겼으며 얕다.

저 관세음을 생각하는 힘 : 자력自力의 의미가 담겼으며 깊다.

생각하는 저 관세음의 힘 : 능소불이能所不二의 묘력妙力의 의미이며 가장 깊다.

이렇게 세 가지 번역이 가능하다. 하지만 여기에서는 주저하지 않고 첫 번째인 타력적인 해석을 택하기로 한다.

或漂流巨海 龍魚諸鬼難 念彼觀音力 波浪不能沒
혹표류거해 용어제귀난 염피관음력 파랑불능몰

혹은 망망대해를 표류하면서 용이나 물고기, 여러 귀신들의 재난을 만났을 때 저 관세음의 힘을 생각하면 거친 파도도 능히 그를 집어삼키지 못하리라.

제2의 난은 물의 재난[水難]이다. 이들 12난 하나하나를 설명할 필요는 없을 것 같다. 아래에 원문과 해석문만을 나란히 소개하기로 한다.

제3 · 타수미산난墮須彌山難

或在須彌峯 爲人所推墮 念彼觀音力 如日虛空住
혹재수미봉 위인소추타 염피관음력 여일허공주

혹은 수미산(고대 인도의 전설적인 산으로 세계의 중앙에 솟아 있다고 한다) 봉우리에서 누군가에게 떠밀려 추락하려 할 때도 저 관세음의 힘을 생각하면 태양처럼 허공에 머물게 되리라.

제4 · 타금강산난墮金剛山難

或被惡人逐 墮落金剛山 念彼觀音力 不能損一毛
혹피악인축 타락금강산 염피관음력 불능손일모

혹은 악인에게 쫓겨 금강산(철위산鐵圍山이라고도 한다. 수미산처럼 고대 인도인이 상상한 산으로 세계의 외곽에 솟아 있는 높은 산)에서 추락하려 할 때 저 관세음의 힘을 생각하면 털끝 하나도 다치지 않으리라.

제5 · 원적난怨賊難

或值怨賊繞 各執刀加害 念彼觀音力 咸卽起慈心
혹치원적요 각집도가해 염피관음력 함즉기자심

혹은 원적에게 둘러싸여 저마다 칼을 들고서 해치려 할 때 저 관세음의 힘을 생각하면 그들 모두가 이내 자심을 일으키리라.

제6 · 도장난 刀杖難

或遭王難苦 臨刑欲壽終 念彼觀音力 刀尋段段壞
혹조왕난고 임형욕수종 염피관음력 도심단단괴

혹은 왕난의 괴로움을 만나 형을 받아서 목숨을 마치려 할 때 저 관세음의 힘을 생각하면 칼은 잇따라 조각조각 부서지리라.

제7 · 가쇄난 枷鎖難

或囚禁枷鎖 手足被杻械 念彼觀音力 釋然得解脫
혹수금가쇄 수족피뉴계 염피관음력 석연득해탈

혹은 갇혀서 칼과 쇠사슬에 묶이고 손과 발에 수갑과 차꼬가 채워졌을 때 저 관세음의 힘을 생각하면 시원스레 벗어날 수 있으리라.

제8 · 독약난 毒藥難

呪詛諸毒藥 所欲害身者 念彼觀音力 還著於本人
주저제독약 소욕해신자 염피관음력 환착어본인

저주와 온갖 독약으로 몸에 해를 입으려 할 때 저 관세음의 힘을 생각하면 오히려 해치려던 당사자에게 해가 돌아가리라.

　여기에서 말하는 "환착어본인(還著於本人, 오히려 해치려던 당사자에게 해가 돌아가리라)"을 어떻게 해석할 것인가. 이것도 예로부터 논란이 있어왔던 부분이다. 타인을 저주하거나 독살하려고 하는 자는 결국 자신에게 그 저주와 독약이 돌아온다는 것이다. 다시 말해서 자신이 죽을 처지가 된다는 말인데 이것은 관세음보살의 자비 정신에 어긋나는 것이기 때문이다.
　나도 때로 이런 생각을 하곤 한다. 깊은 밤 주택가에서 굉음을 내며 내달리는 폭주족들이나 난폭하게 운전하여 사고를 일으킬지도 모를 자동차 운전자들 때문에 하마터면 치일 뻔 했던 순간, '저런 놈들은 전봇대에라도 부딪쳐서 죽어버렸으면 좋겠어!'라는 저주의 말을 속으로 외치고 만다.
　하지만 잠시 생각을 돌려본다.
　'저 젊은이들에게도 아버지 어머니가 있을 텐데… 그가 불행하게 죽어버리면 그 부모는 얼마나 불행해해할까.' 이렇게 생각하면 아무렇지도 않게 그의 죽음을 원했던 자신이 부끄러워진다.
　"오히려 본래 사람에게 해가 가해지리라…" 아무리 생각해봐도 나는 알 수가 없다. 누워서 침 뱉기라는 말도 있듯이 남을 저주하면 결국 자신에게 그 피해가 돌아오는 법이다. 하지만 무슨 일이 있어도 상대방이 죽기를 원해서는 안 되는 법 아닐까? 나는 정말 모르겠다.

잘 모르겠다고 솔직하게 고백하고 이 정도에서 접어두었으면 한다. 예민한 문제를 너무 무책임하게 넘어가는 것 같아 미안하지만 독자 여러분의 판단에 맡기고자 한다.

제9 · 나찰난羅刹難

或遇惡羅刹 毒龍諸鬼等 念彼觀音力 時悉不敢害
혹우악나찰 독룡제귀등 염피관음력 시실불감해

혹은 사악한 나찰, 독룡, 여러 귀신들을 만났을 때 저 관세음의 힘을 생각하면 그때 모두가 감히 해치지 못하리라.

제10 · 악수위요난惡獸圍遶難

若惡獸圍遶 利牙爪可怖 念彼觀音力 疾走無邊方
약악수위요 이아조가포 염피관음력 질주무변방

만약 맹수들에게 둘러싸여 예리한 이빨과 발톱의 위협을 받을 때도 저 관세음의 힘을 생각하면 맹수들은 급히 사방으로 흩어지리라.

제11 · 원사복갈난蚖蛇蝮蠍難

蚖蛇及蝮蠍 氣毒煙火燃 念彼觀音力 尋聲自回去
원사급복갈 기독연화연 염피관음력 심성자회거

독사와 살무사, 전갈의 독기가 타오르는 불길처럼 맹렬해도 저 관세음의 힘을 생각하면 목소리가 닿아 저절로 사라져버리리라.

제12 · 운뢰박우난雲雷雹雨難

雲雷鼓掣電 降雹澍大雨 念彼觀音力 應時得消散
운뢰고체전 강박주대우 염피관음력 응시득소산

구름 끼고 천둥이 울며 번개가 번쩍이고 우박이 퍼붓고 큰비가 쏟아져도 저 관세음의 힘을 생각하면 그때에 맞추어 멈추게 되리라.

이상으로 12난이 끝났다. 《관음경》은 다음과 같이 정리하고 있다.

衆生被困厄 無量苦逼身 觀音妙智力 能救世間苦
중생피곤액 무량고핍신 관음묘지력 능구세간고

具足神通力 廣修智方便 十方諸國土 無刹不現身
구족신통력 광수지방편 시방제국토 무찰불현신

種種諸惡趣 地獄鬼畜生 生老病死苦 以漸悉令滅
종종제악취 지옥귀축생 생로병사고 이점실령멸

중생이 재난을 당하여 한없는 괴로움을 온몸에 받을 때 관세음의 묘지력이 능히 세간의 괴로움에서 구제해주리라.
(관세음보살은) 신통력을 갖추고 널리 지혜의 방편을 닦아서 시방 모든 국토에 몸을 나타내지 않는 일이 없네.
(관세음보살은) 온갖 악한 갈래인 지옥, 귀신, 축생과 생로병사의 괴로움을 점점이 모조리 멸해주네.

관음묘지력觀音妙智力이란 관세음보살의 절묘한 지력智力이다. 그것은 지혜의 힘, 즉 깨달음의 힘이며 부처의 힘이다. 우리가 어려움에 처하거나 괴로움에 빠졌을 때 그 관음묘지력이 우리를 구제해주시는 것이다.

또한 관세음보살은 신통력을 가지고 계신다. 신통력이란 기적의 힘이다. 그 기적의 힘으로 모든 세계 혹은 모든 국토에 출현하신다.

하지만 기적이란 실은 평범한 것이다.

기적을 어떻게 생각하고 받아들여야 하는지에 대해서는 서장序章에서 이미 논했지만 다시 한 번 반복하자면 기적에는 두 종류가 있다고 생각한다.

하나는, 공부를 별로 하지 않았으면서도 대학입시에 합격하기를 기대하는 것이다. 말하자면 요행을 바라는 것이다. 또 하나는 평소 착실하게 노력한 결과 당연히 성과를 이루기를 기대하는 것이다. 기대라기보다는 자신은 떨어질 리가 없다고 믿는 확신이다. 아마 후자와 같은 경우는 기적이 아니라고 할지도 모른다. 공부해서 대학에 합격하는 것은 지극히 당연한 일이기 때문이다.

하지만 나는 바로 그 당연한 일이 기적이라고 생각한다. 공부하지 않으면 그는 입시에 실패할 것이 빤한데 그런 예고된 불행을 공부라고 하는 기적으로 합격한 것이기 때문이다.

결국 기적은 그것을 받아들이는 방식의 문제이다. 관세음보살이 아무리 기적을 보여주셔도 우리 쪽에서 그것을 받아들이지 못한다면 그건 기적이 아니다. 라디오건 텔레비전이건 전파를 받는 수신장치가 필요하다. 수신장치는 있지만 스위치를 켜지 않으면 보내진 전파를 받아들일 수 없다.

따라서 제1의 기적 — 요행 — 만을 기적이라고 믿어버리면 기적이 있어도 그것을 포착하지 못한다. 기적을 기적으로 받아들이기 위해서는 그만큼의 준비가 필요하다. 평소의 공부가 중요하다는 말이 된다.

수다가 상당히 길어졌지만 다음으로 넘어가는 복선도 되기 때문에 한 가지만 더 말해두고자 한다.

혹시 독자분들은 유령과 도깨비의 차이를 알고 계시는지…

대체로 유령은 사람에게 나타나고 도깨비는 장소에 나타난다. 도깨비는 개천가 버드나무 아래라든가 오래된 우물가, 조금 으스스한 장소에 나타나기 때문에 그 장소에 가면 누구든지 그 도깨비를 볼 수가 있다.

그러나 유령은 특정한 사람에게만 보인다. 김씨에게 원한을 가진 유령은 김씨에게 용무(?)가 있기 때문에 김씨가 어디를 가든지 따라다니며 모습을 나타낸다. 그리고 김씨 이외의 사람에게는 보이지 않는다.

이씨에게 용무가 있는 유령은 이씨가 섬에 가면 섬에 나타나고, 산에 가면 산에 나타난다. 이씨만이 목적이기 때문에 이씨 곁에 박씨가 있어도 박씨에게는 그 유령이 보이지 않는다(실은 옛날에는 이런 식으로 나눴지만 세상은 많이 어지러워졌고 따라서 근년에는 도깨비와 유령의 구별이 애매해졌다. 고속도로 터널 입구에 출현하는 유령 같은 것들이 사람들 입에 오르내리게 되었을 정도이니 말세인 건 분명한 것 같다).

도깨비는 공포심의 산물이다. 누구에게나 으스스한 장소가 있고 그곳에 가면 누구든지 오싹해지기 때문에 도깨비가 나온다. 우리들 마음이 도깨비를 만들어낸다는 것이다.

유령은 원혼의 산물이다. 저 사람에게 미안한 짓을 했다고 하는 후회가 유령을 출현시키는 것이다. 나와라, 나와라(혹은 나오지 마라, 나오지 마라)라는 심리가 수신기가 되어서 유령을 부른다. 그러기 때문에 이쪽에 그런 마음이 없으면 유령이 등장할 기회는 없다.

기적도 이와 같다. 우리가 기적을 기적이라고 받아들일 마음을 갖고 있지 않으면 결국 기적은 일어나지 않는다. 관세음보살은 기적을 보여주고 있지만 관세음보살의 기적을 솔직하게 받아들이려는 사람에게만 기적은 일어난다. 자기에게 수신장치가 없는 점은 문제 삼지 않고 관세음보살 탓을 하고 있으면 안 된다.

"관세음보살은 신통력(기적)을 갖추고 시방의 국토에 몸을 나타내지 않는 곳이 없다…" 모든 장소에 관세음보살은 출현하고 계신다. 수신장치를 갖춰두면 관세음보살을 볼 수가 있다.

그리고 관세음보살은 "지옥·아귀·축생의 악취惡趣와 생로병사의 괴로움을 조각조각 끊어버린다…" 악취란 육도윤회 가운데 괴로움이 많은 세계다.

육도윤회란 지옥·아귀·축생·수라·인·천의 여섯 세계를

말하고, 이것들은 전부 미혹한 세계다. 우리들 범부는 생전에 지은 선악업의 과보로서 사후에 이런 육도의 어디인가에 태어난다. 이것이 불교에서 말하는 윤회의 세계관이다.

육도 — 여섯 가지 세계 — 중에서 특히 괴로움이 많은 곳은 아래 세 곳 즉 지옥·아귀·축생이다. 이런 세계에 떨어져서 괴로울 수밖에 없는 괴로움과, 현재 괴로운 생로병사의 괴로움을 관세음보살이 없애주신다는 것이다. 생로병사의 괴로움이란 불교에서 말하는 '네 가지 괴로움'으로, 인간 존재의 기본적인 괴로움이다.

그런데 "점점이 모조리 멸해주네"라고 한다. 아주 좋은 말이다. 한 번에 휘리릭 소멸시키지 않고 차츰차츰 그렇게 되어가는 것이다.

대번에 모조리 소멸시킨다 — 고 하는 생각은 앞서 말했던 첫 번째 기적일 것이다. 제대로 공부도 하지 않고서 요행스레 합격을 기대하거나 약 한 알로 단박에 병이 씻은 듯이 낫기를 바라는 것이다.

그렇지만 관세음보살의 기적은 그와는 다르다. 점점이, 단계적으로, 차츰차츰 괴로움이 소멸한다. 약이 조금씩 조금씩 효과를 나타내는 것이다. 이것이 진정한 치료법이다. 한 번에 병을 낫게 해주는 약은 부작용이 너무 크다. 하나의 병을 치료했다고 해서 다른 병이 부작용으로 발생하지 말라는 법이 어디 있겠는가. 단계를 밟아서 치료하는 일만이 진정한 건강을 얻게 해준다.

그리하여 이제 다음으로 나아간다.

眞觀淸淨觀 廣大智慧觀 悲觀及慈觀 常願常瞻仰
진관청정관 광대지혜관 비관급자관 상원상첨앙

관세음보살에게는 진관, 청정관과 광대지혜관, 비관 및 자관이 있다. 언제나 바라고 언제나 우러러야 한다.

관세음보살은 사물을 있는 그대로 볼 수 있다.

하지만 우리는 그렇지 않다. 우리는 공포에 떨면서 사물을 보기 때문에 사물이 왜곡되어 보인다. 그런 우리에게 관세음보살은 무외(無畏, 두려움이 없음)를 베풀어주신다. 그럼으로써 우리는 공포에 떨지 않고 사물을 있는 그대로 바라보게 된다. 우리에게 '무외'를 베풀어주시는 관세음보살이 아무런 공포 없이 사물을 있는 그대로 바라보고 계시다는 것은 말할 필요도 없다.

우리들 눈은 물욕에 흐려 있어서 사물이 굽어보인다. 그리고 이와 반대로 굽은 것은 굽어지지 않았다고 보아버린다.

그러나 관세음보살은 그렇지 않다. 관세음보살의 눈에는 사물은 있는 그대로 투영되고 있다. 곧바른 것은 곧바르게, 굽은 것은 굽은 그대로 바라보고 계신다. 관세음보살은 진실을 관찰하는 눈을 가지고 계시기 때문이다.

① 진관眞觀 : 진리를 보는 것.

② 청정관淸淨觀 : 더럽혀지지 않은 것을 보는 것.

③ 광대지혜관廣大智慧觀 : 광대한 지혜를 가지고 사물을 보는 것.

④ 비관悲觀 : 위의 세 가지 방법으로 중생을 관찰하고 그리고 중생의 괴로움을 없애주는 것.

⑤ 자관慈觀 : 마찬가지로 세 가지 방법으로 중생을 관찰하고 중생에게 즐거움을 주는 것.

이 다섯 가지가 이른바《관음경》의 5관이다.

관세음보살은 이러한 5관을 생활화하고 계신다. 우리도 이런 관세음보살을 따라 배워서 모쪼록 사물을 있는 그대로 관찰할 수 있어야 하겠다.

無垢淸淨光 慧日破諸闇 能伏災風火 普明照世間
무구청정광 혜일파제암 능복재풍화 보명조세간

悲體戒雷震 慈意妙大雲 澍甘露法雨 滅除煩惱焰
비체계뢰진　자의묘대운　주감로법우　멸제번뇌염
諍訟經官處 怖畏軍陣中 念彼觀音力 衆怨悉退散
쟁송경관처　포외군진중　염피관음력　중원실퇴산

관세음보살은 무구청정한 빛이 있어서 혜일慧日은 모든 어둠을 깨고 능히 재난의 풍화風火를 꺾으며 두루 밝게 세간을 비춘다.
비체悲體의 계戒는 우레처럼 진동하고, 자의慈意는 미묘한 큰구름과 같다. 감로의 법우를 쏟으며 번뇌의 불길을 꺼버린다.
다투고 소송하여 관처(官處, 법원)를 드나들고, 군대 진영 속에서 두려움이 일어날 때 저 관세음의 힘을 생각하면 온갖 원한들은 모두 사라지리라.

　　관세음보살의 5관은 한마디로 말하면 '무구청정한 빛'이다. 깨끗하여 더러움에 물들지 않은 빛을 가지고 사물을 있는 그대로 관찰하며 중생을 자비의 빛으로 감싸준다.
　　그와 같은 무구청정한 빛, 다시 말해서 지혜의 태양이 이 세상의 어둠을 깨고, 바람이나 불의 재난을 가라앉히며 세계의 구석구석까지 밝게 비추어낸다.
　　이어서 비체悲體와 자의慈意라는 말이 등장한다.
　　5관을 설명할 때 말했듯이 자비에서 자慈는 중생에게 즐거움을 주는 것이고, 비悲는 중생의 괴로움을 없애주는 것이다. 이런 식으로 불교학자는 해석하고 있다.

그런데 자는 인도 산스크리트어 마이트레야Maitreya를 옮긴 말인데 마이트레야는 미트라(Mitra, 친구)라는 말에서 나왔다. 단, 친구라고 해도 특정한 한 사람에게 우정을 품는 것이 아니라 모든 사람에게 최고의 우정을 가지는 것이 자이다. 그리고 비는 산스크리트어로는 카루나karuna라고 하며, '신음'이라는 의미가 깔려 있다. 인생이 괴로워 신음하고 있는 사람에게 동감하고 함께 신음하는 동고同苦의 배려가 비이다. 관세음보살은 이와 같은 자비의 보살이다.

경문에서는 비체와 자의를 말하고 있다. 이것은 몸(體)과 마음(意)으로 양분하여 관세음보살의 몸은 비, 마음은 자라는 의미이다. 그리고 이런 자와 비에 의해서 관세음보살은 감로와 같은 법의 비(가르침의 비)를 내려주어 우리의 타오르는 번뇌의 불길을 꺼주신다.

그러므로 우리는 소송 때문에 법원에 불려가더라도, 혹은 전쟁터에서 공포에 떨더라도 일심으로 관세음보살의 힘을 생각하고 거기에 매달리면 모든 원한과 증오가 사라져버린다. 관세음보살의 자비에 의해서 사라지지 않는 번뇌나 공포, 원한 같은 것은 있을 리가 없기 때문이다. 이것이 경전의 뜻이다.

하나 더 설명할 것이 있다. "비체의 계는 우레처럼 진동"한다 라는 경전 구절 중에 나오는 계라는 말이다.

관세음보살의 몸은 비인데 그 비는 계라는 형태로 우리에게 보인다. 관세음보살은 우리에게 계를 지키라고 호소하고 있다.

기본적인 계는 5계이다.

① 불살생계不殺生戒 : 죽이지 말라.

② 불투도계不偸盜戒 : 훔치지 말라.

③ 불사음계不邪婬戒 : 난잡한 성행위를 하지 말라.

④ 불망어계不妄語戒 : 거짓말을 하지 말라.

⑤ 불음주계不飮酒戒 : 술을 마시지 말라.

계와 계율은 다른 것이다. 계율은 계와 율로서, 율은 처벌 규정이다. 이러이러한 일을 하면 이러이러한 벌을 받는다— 는 것이 율이다. 이것은 소승불교에서 출가자에게만 적용된다.

대승불교는 기본적으로는 재가의 입장을 취한다. 그러므로 그다지 계율을 엄격하게 말하고 있지 않다. 출가자에 대해서도 그러한데 하물며 재가자에게는 계만으로도 족하다는 것이다. 계는 처벌 규정이 없으므로 단순히 정신적인 경계警戒이다. '이것을 지켜라!'라는 명령이 아닌 충고이다.

'죽이지 말라, 훔치지 말라, 사음하지 말라, 거짓말하지 말라, 술 마시지 말라'는 계를 완전하게 지키기는 어렵다.

예를 들어 석가모니 부처님이 재가신자로부터 초대를 받았을 때 거절해야 할 경우에는 딱 부러지게 거절하지만 응낙할 경우는 구태여 말을 해서 약속하지 않았다.

"존귀한 스승(세존)께서는 침묵으로써 동의를 표하셨다"라고 불전에 쓰여 있다. 부득이한 사정으로 약속을 지키지 못할 경우도 있을 수 있음을 우려하셨기 때문이다.

우리도 '거짓말을 하지 말라'라는 계를 엄격하게 지키려고 들자면 끝까지 지켜야만 한다. 그렇게 되면 우리는 그 어떤 약속도 할 수 없다. 현대 사회에서 출가자도 아닌 우리들 속가인은 도저히 그럴 수 없다. 계를 완전히 지키기란 어차피 불가능하다.

그렇지만 그것으로 충분하다. 계는 지키는 데에 의미가 있다기 보다는 지키려고 하는 의지에 의의가 있다. 극단적으로 말하자면 계를 깨도 좋다. 나는 이렇게 생각하고 있다.

깨면서도 우리는 자계自戒를 계속해나가야 한다. 여기에 계의 의미가 있다. 어쩔 수 없이 거짓말을 했을 때 혹은 무심코 자신도 모르게 거짓말을 해버렸을 때 '그러니까 안 된다는 거야'라고 생각하지 말고 그래도 거짓말을 하지 말자고 계속 노력해야 한다. 이것이 계를 지키는 진정한 자세이다.

그리고 깨면서도 여전히 계를 지키려고 계속 노력하다 보면 그러는 사이 반드시 계가 우리를 지켜주게 된다. 술을 마시지 말자고 자계하고 있으면 저절로 술 마실 기회가 줄어든다. 혹은 과도한 음주를 하지 않게 된다. 이것이 중요하다. 우리가 계를 지키면 계가 우리를 지켜주는 것이다. 나는 계에 대해서 이렇게 생각하고 있다.

妙音觀世音 梵音海潮音 勝彼世間音 是故須常念
묘음관세음 범음해조음 승피세간음 시고수상념
念念勿生疑 觀世音淨聖 於苦惱死厄 能爲作依怙
염념물생의 관세음정성 어고뇌사액 능위작의호
具一切功德 慈眼視衆生 福聚海無量 是故應頂禮
구일체공덕 자안시중생 복취해무량 시고응정례

관세음보살의 음성은 묘음이고 관세음이며 범음이고 해조음이며 승피세간음이다. 그러므로 모름지기 언제나 생각해야 한다.
생각생각에 의심을 일으키지 말라. 관세음은 정성淨聖으로서 고뇌사액苦惱死厄을 당할 때 능히 의지처가 되어준다.

(관세음보살은) 일체의 공덕을 갖추고 자애로운 눈을 가지고 중생을 둘러보니 복의 덩어리가 바다처럼 무량하다. 이런 까닭에 모름지기 정례해야 한다.

어느덧 세존게도 마지막에 이르렀다.

여기에서 5음이 나온다. 이 5음은 관세음보살의 뛰어난 설법을 칭송한 것이다.

① 묘음妙音 : 미묘한 음성.

② 관세음觀世音 : 관세음이라고 하면 관세음보살의 이름 그 자체이다. 그렇다면 이것은 어떤 음성일까? 어쩐지 알듯 모를 듯하다. 아니 알듯 모를 듯한 게 아니라 전혀 모르겠다. 일본 에도 중기의 선승인 임제종 중흥조인 하쿠인〔白隱〕 선사는 이 관세음을 "한 손이 내는 소리"라고 말했다. 두 손을 마주쳐야 소리가 나는데 이런 소리는 누구든지 들을 수 있다. 그런데 선종에서는 한 손으로 울리는 소리를 들으라고 한다. 관세음보살이 한 손의 소리라면 우리는 어떻게 하면 그 소리를 들을 수 있을까?

조금도 어렵지 않다. 조용히 귀를 기울이면 그 소리가 들려온다.

어떤가, 지금 당신의 귀에도 들려오지 않는가?

③ 범음梵音 : 때〔垢〕가 묻지 않은 소리. 맑은 음성.

④ 해조음海潮音 : 바다의 파도 소리. 널리 울려 퍼지는 커다란 소리.

⑤ 승피세간음勝彼世間音 : 세간의 모든 음성보다 더 뛰어난 음성. 지혜로운 음성.

관세음보살은 이러한 다섯 가지 음성의 소유자이다. 그리고 우리는 이러한 관세음보살을 생각해야 한다. 언제나 생각해야 하며, 아무런 의심 없이 계속 생각해야만 한다.

어떤 의미에서는 이것이 가장 어려운 일일지도 모른다.

의심하지 말라는 충고를 듣지만 우리는 결국 의심하고 만다. 믿으라고 권유를 받지만 좀처럼 곧이곧대로 믿기지 않는다. 믿기지 않기 때문에 의심하게 되고 의심스럽기 때문에 믿지 못하는 것이다. 하지만 믿지 않으면 우리는 관세음보살의 음성을 들을 수가 없다.

그런데 바로 이 점이 중요하다. 그럼에도 불구하고 관세음보살은 언제나 다섯 가지 음성으로 설법하고, 저 자애로운 눈으로 우리들 중생을 살펴봐주시고 있다. 우리가 믿으려고 하든 의심을 일으키든 상관없이 물끄러미 우리에게 자비의 눈을 향해주시고 있다. 무외를 베풀어주시고 있다.

그 눈은 온화한 어머니의 눈이다.

장난꾸러기 아이, 반항하는 아이, 울고 있는 아이, 싸우고 있는 아이, 고민에 사로잡혀 있는 아이… 온갖 아이들이 있다. 이런 아이들이 퍼뜩 정신을 차려보면 바로 그 옆에 관세음보살의 온화한 자비의 눈이 있다. 시선이 있다. 이런 부드러운 시선을 알아차렸을 때 우리는 틀림없이

'나무관세음보살!'

이라고 칭명하게 된다. 그러니 그리 서두를 일은 아니다. 안달복달할 일도 아니다. 우리가 이런 일을 잊고 있어도 반드시 관세음보살 쪽에서 우리에게 그것을 알아차리게 해주신다.

爾時 持地菩薩 卽從座起 前白佛言 世尊 若有衆生
이시 지지보살 즉종좌기 전백불언 세존 약유중생
聞是觀世音菩薩品 自在之業 普門示現
문시관세음보살품 자재지업 보문시현
神通力者 當知是人 功德不少 佛說是普門品時
신통력자 당지시인 공덕불소 불설시보문품시
衆中八萬四千衆生 皆發無等等 阿耨多羅三藐三菩提心
중중팔만사천중생 개발무등등 아뇩다라삼먁삼보리심

그때 지지보살은 곧 자리에서 일어나 앞으로 나아가 부처님께 여쭈었다. "세

존이시여, 이 관세음보살품의 자재로운 업, 보문시현의 신통력을 들은 사람의 공덕은 적지 않으리라는 사실을 알아야만 할 것입니다." 부처님이 이 보문품을 설하고 나셨을 때 대중 가운데 팔만사천 명의 중생은 모두 무등등한 아뇩다라삼먁삼보리심을 내었다.

마침내 마지막으로 지장보살이 등장한다. 지지보살은 지장보살이다. 지장보살이 청중을 대표해서 석가모니에게 응답하신 것이다.

"석가모니 부처님. 잘 알았습니다. 이《관음경》에서 설해진 관세음보살의 자유자재한 업, 두루 중생을 구제하기 위해 다양한 모습으로 변신하시는 관세음보살의 신통력을 들은 사람의 공덕이 얼마나 큰지…"

지장보살은 관세음보살과 어깨를 견줄 정도로 인기가 높은 보살이다. 관세음보살이 여성적인 것에 비해 반들반들한 대머리의 지장보살은 남성적이다. 그렇지만 여성의 모습을 취한 지장보살도 있다고 하고, 무시무시하게 분노하는 모습의 마두관음도 있다고 한다.

관세음보살과 지장보살 두 분 중 어느 쪽을 더 좋아하는가는 기호의 문제이다. 다만 지장보살만으로도 외롭고 관세음보살만으로도 외롭다는 말을 해두고 싶다.

그러므로 《관음경》은 관세음보살에 대해서 설한 경이므로 당연히 그 주인공은 관세음보살이다. 그래서 지장보살의 순서가 없었다. 뭔가 빠진 느낌이 들어 못내 서운했다.

그런데 마지막에 지장보살이 등장했다. 지장보살이 청중을 대표해서 인사 한마디를 했다. 그런데 그 인사는 다소 판에 박힌 내용이다. 판에 박혔다는 것은, 어떤 불교 경전이라도 그 경의 공덕을 선전하는 문장이 마지막에 나오게 되어 있기 때문이다. 일종의 경의 형식인 것이다.

여기에서의 지장보살의 인사는 그런 형식을 따르고 있다. 졸업식 날 졸업생 대표의 답사인 셈이다. 따라서 판에 박힌 형식적인 표현이지만 그래도 그 역할을 지장보살이 해준 것은 기쁘기 짝이 없다. 지장보살이 등장하니 왠지 모르게 안심이 되는 효과도 있다.

그리고 지장보살의 답사 뒤에는 역시나 형식적인 상투적 문장이 나온다.

"부처님이 이 보문품 즉 《관음경》을 설하고 나셨을 때 팔만사천의 청중은 전원 이러한 위없이 완전한 깨달음(무등등한 아뇩다라삼먁삼보리심)에 도달했다"라고.

다시 말해서 이 《관음경》을 듣고서 아직 깨닫지 못하고 있던 중생이 깨달음을 얻었다는 것이다. 이 말은 우리도 이 《관음경》에 의해서 깨달음을 열 수 있다는 뜻이다. 그런 사실을 보증하는 문장이다. 이런 문장이 마지막에 등장하면서, 이것으로 《관음경》은 막을 내렸다.

마지막 장

정말로 기적이란 무엇일까

관세음보살의 영험담

《관음경》은 기적의 경전이다.

이러한 제목으로 이 책을 시작했다. 그리고 그 기적의 경전을 읽어오다가 이제 마지막에 이르렀다. 어찌되었든 우리는 《관음경》을 다 읽었다.

그런데 내게는 걱정이 하나 있다.

《관음경》을 기적의 경전이라고 단정하면서도 그 기적의 실례, 영험담에 대해서는 말하지 않았기 때문이다.

부처님이나 신들의 불가사의한 감응이나 가피를 '영험'이라고 한다. 그리고 관음신앙에 대해서도 수없이 많은 영험담과 영험기가 예로부터 전해져 내려왔다. 오늘날까지 전해 내려오고 있는 영험담 중에서 최소한 몇 가지만이라도 나는 이 책에서 소개해야만 했을지도 모르겠다. 집필하는 동안 내내 나는 이것을 염두에 두고 있었다.

'《관음경》을 말하면서 영험담을 실례로 들지 않으면 치명적인 결함이다.' 이런 질타의 목소리가 들려올 것 같다. '틀림없이 저자는 이른바 과학적 합리주의자여서 고색창연한 영험담 같은 것에는 흥미가 없을 것이다. 이글이글 타오르는 불속에서도 타지 않는다는 식의 기적은 아이들도 코웃음을 칠 일이니 저자는 그런 내용을 믿고 있지 않는 것이다'라고 지레짐작해버린 독자도 있을지 모른다. 결국 내가 고의로 영험담을 무시해버렸다는 결론에 이른다.

그렇다면 나는 어처구니없는 오류를 저지른 꼴이 되어버린다. 왜냐하면 불속에서도 불에 타지 않고, 물속에서도 물에 빠지지 않는다는 기적을 믿지 않고서는 진실로 《관음경》을 말해서는 안 되기 때문이다. 아니, 기적을 믿지 않고서 《관음경》은 말하려 해도 말할 수 없는 것이다.

그러므로 독자들이여, 이것만큼은 믿어주기 바란다. 내가 기적을 부정하고 있는 것이 아니라는 사실을… 영험담을 굳이 무시한 것은 다른 이유가 있어서라는 점을.

고정된 이미지

내가 영험담을 거의 말하지 않은 이유는 이러하다.

영험 또는 기적은 사람마다 받아들이는 방식이 꽤나 다르다. 어떤 사람이 영험이라고 인정하는 것을 다른 사람은 부정한다. 또 어떤 사람이 기적이라고 주장하는 것을 다른 사람은 절대로 인정하려 들지 않는다. 이것이 자연스런 일이다.

이것은 주관적 판단에 의존하고 있다. 예를 들어서, 갑은 A양을 미인이라고 생각하는데 을은 부정하면서 B양을 미인이라고 추천한다. 그리고 병은 A양과 B양 둘 다 미인이 아니고 C양이 미인이라고 한다. 이런 일은 통상적으로 보통 일어난다. 아주 드물게 갑과 을과 병이 일치하기도 하겠지만 천 명이면 천 명, 만 명이면 만 명, 일억이면 일억 명, 그들에게 일치하는 미인은 거의 존재하지 않는다.

기적에 대해서도 같은 말을 할 수 있다.

묵묵히 낮잠을 자고 있는데 반대편에서 요행으로 날아오는 것이 기적이라고 생각하는 사람이 있다. 복권에 당첨되는 그런 경우이다. 하지만 이것은 기적이 아니라 우연이라고 부정하는 사람도 있을 것이다. 나 역시도 이런 것은 기적이 아니라고 부정하고 싶은 쪽이다.

기적은 노력이나 정진 끝에 얻어진다—이런 식으로 주장하는 사람도 있다. 비지땀을 흘려가며 노력해야만 진정한 기적이 찾아온다. 빈둥거리며 지내고 있는 녀석에게 기적은 없다. 이렇게 말할 수도 있겠지만, 일부 사람은 이런 의견에 대해서 노력하면 성과가 있는 것이 당연하고 그리하여 얻어진 기적적인 성과는 기적이 아니라고 말할 것이다. 이렇게 여러 가지 견해가 있을 수 있다.

　기적을 확률적으로 논하는 일도 가능하다. 주사위를 열 번 던져서 1이 계속 나온다면 대부분의 사람은 놀란다. 하지만 이것을 기적이라고 부르기에는 미진하다. 그렇다면 1만 번 계속해서 1이 나온다면 어떨까? 아마 누구든지 "기적이 일어났다"고 단언할 것이다.

　그렇다면 열 번과 1만 번 사이의 어딘가에 '기적'을 성립시키는 경계선이 있을 것인데, 대체 몇 번부터를 기적이라고 정의할 것인가?

　혹은 공덕의 '양'으로 기적을 논할 수도 있다.

　천 원, 만 원의 돈은 비교적 쉽게 벌 수 있다. 역 앞에서 지나가는 사람에게 구걸한다면 그런 정도의 돈은 어렵지 않게 얻을 수 있다. 그러므로 이 정도는 '도움을 받았다'는 정도이지 기적은 아니다. 하지만 1억 원을 선뜻 내어주는 사람이 있으면 이것은 기적이다.

　어찌되었거나 무엇이 기적인가?

　어지간한 방법으로는 정의내릴 수 없다. 갑론을박, 논의가 벌어져야 할 판이다. 따라서 이 책에서 내가 실례를 든다면 반대로 그것에 의해서 이미지가 한정되고 고정되어 오히려 '기적'이 퇴색해버릴 것이다. 틀림없이 이것은 '기적'이 아니라고 말할 사람이 나올 것이기 때문이다.

그러므로 나는 실례를 들지 않겠다.

예를 들어 영화배우의 브로마이드 한 장을 가지고 미인을 논한다면 오히려 미의 깊이가 사라져버릴 것이다. 오히려 독자 마음속에 있는 '미인상－기적상'을 소중히 여기는 편이 나을 것이다 — 이렇게 생각했기 때문이다.

나의 기적

그렇다면 저자에게는 기적의 이미지가 전혀 없는가? 이런 반문이 나올지도 모른다.

당치도 않다! 저자에게 '기적'의 이미지가 없다면 어떻게 지금까지 기적의 경전인 《관음경》을 설명해왔겠는가.

그래서 마지막으로 나는 나의 '기적'관, 내가 '기적'을 어떻게 생각하고 있는가에 대해서 말하고자 한다.

나는

'나무관세음보살'이란 칭명이,

'염피관음력' 그 자체가

기적이라고 생각하고 있다. 기적이란 무엇인가라는 질문을 받으면 칭명하게 해준 그것이 커다란 기적이라고 나는 답하고 싶다.

즉, 우리는 관세음보살의 이름을 불러서 관세음보살에게 여러 가지 소망을 빈다. 사람들은 소망이 이루어져야 기적·영험이 벌어진 것이라고 말하겠지만, 내 생각은 조금 다르다. 이미 관세음보살의 이름을 부를 수 있게 된 것이 기적이요 영험이다. 이것이 불교의 견해라고 생각한다.

예를 들어 보시의 공덕에 대해서도 불교에서는 이렇게 생각하고 있다.

보시란 다른 사람에게 베풀어주는 것이 아니라 자신을 위해 하는 것이라고 앞서 말했다.

두 자매 앞에 케이크가 하나 있다고 하자. 이 케이크는 언니가 이웃집에서 얻어온 것이므로 본래 언니의 것이다. 하지만 엄마는 언니에게 반을 나누어 동생에게 주라고 했다. 왜 나눠야 하는 것일까?

'동생이 가여워보여서…'가 그 첫째 이유라 할 수 있다. 그렇지만 그 이유만으로는 '내가 동생에게 베풀어주었다'라는 생각을 절대로 떠날 수 없다. 이런 생각은 조금도 순수하지 않다. 이런 생각이 있으면 보시는 청정하지 않다.

'지금 나눠줘야 다음에 동생이 케이크를 얻었을 때 내게 나누어줄 테니까…'라는 것도 또 하나의 이유일 수 있겠지만 이것은 흥정이나 투자의 개념이지 보시가 아니다. 이 세상에는 이런 생각으로 베풀어진 선물이 많기 때문에 선물을 하면서도 오히려 껄끄러워지는 것이다. 이런 생각으로 내민 선물이라면 차라리 받지 않는 편이 더 낫다. 그리고 선물하는 쪽은 그 돈을 은행에 예금해두는 것이 낫다. 그렇지만 이런 식으로 생각하는 사람이 많다. 흔히 사람들은 은혜를 원수로 갚는다고들 말하지만 뭔가 보답을 기대하고 있기 때문에 그런 것이다.

케이크를 나눠 먹는 것은 이렇게 하는 편이 맛있기 때문이다. 언니와 동생 두 사람이 이야기를 나누면서 먹는다. 설령 케이크는 반으로 나누어졌지만 이런 편이 맛있다. 기쁨은 확실히 두 배가 될 터이기 때문이다.

언니는 혼자서 먹을 수도 있었다. 하지만 그러지 않고 둘이서 먹었다. 둘이서 먹은 공덕은 두 사람이 먹는 기쁨 속에 있다. 두 사람이 먹는 그 자체가 이미 공덕이요, 은혜인 것이다. 나는 이렇게 생각한다. 이것이 불교적인 사고방식이라고 믿고 있다.

관세음보살의 기적은 관세음보살을 생각하는 그 속에 있다.

우리는 괴로움을 당하여 때로 절망스런 기분에 사로잡히기도 한다. 절망 끝에 술에 빠지거나 자살로 도피하기도 한다. 그런데 이렇게 하지 않고 괴로움 속에서 관세음보살을 생각할 수 있다면 이미 그 자체가 하나의 기적이다.

슬플 때도 결코 절망하는 일 없이 오로지 관세음보살을 생각할 수가 있다면 이미 그 자체로 기적이다.

공포 속에서 관세음보살을 생각할 수 있다면 이것이 이미 기적인 것이다.

나는 기적에 대해서 이렇게 생각하고 있다.

이것이 나의 기적관이다.

부디 독자들도 자신의 기적을 발견하시기 바란다.

《관음경》은 기적의 경전이며, 독자는 분명 《관음경》 속에서 자신의 기적을 발견하시리라 믿는다. 이것을 발견할 수만 있다면 《관음경》을 이해할 수 있게 되리라.

나무 관세음보살, 나무 관세음보살, 나무 관세음보살… 합장.

묘법연화경 관세음보살보문품 제25

爾時 無盡意菩薩 卽從座起 偏袒右肩 合掌向佛 而作是言
이시 무진의보살 즉종좌기 편단우견 합장향불 이작시언

世尊 觀世音菩薩 以何因緣 名觀世音 佛告無盡意菩薩
세존 관세음보살 이하인연 명관세음 불고무진의보살

善男子 若有無量 百千萬億衆生 受諸苦惱 聞是觀世音菩薩
선남자 약유무량 백천만억중생 수제고뇌 문시관세음보살

一心稱名 觀世音菩薩 卽時觀其音聲 皆得解脫
일심칭명 관세음보살 즉시관기음성 개득해탈

若有持是觀世音菩薩名者 設入大火 火不能燒 由是菩薩
약유지시관세음보살명자 설입대화 화불능소 유시보살

威神力故 若爲大水所漂 稱其名號 卽得淺處
위신력고 약위대수소표 칭기명호 즉득천처

若有百千萬億衆生 爲求金銀 瑠璃 硨磲 碼瑙 珊瑚 琥珀
약유백천만억중생 위구금은 유리 자거 마노 산호 호박

眞珠等寶 入於大海 假使黑風 吹其船舫 飄墮羅刹鬼國
진주등보 입어대해 가사흑풍 취기선방 표타나찰귀국

其中若有乃至一人 稱觀世音菩薩名者 是諸人等 皆得解脫
기중약유내지일인 칭관세음보살명자 시제인등 개득해탈

羅刹之難 以是因緣 名觀世音 若復有人 臨當被害
나찰지난 이시인연 명관세음 약부유인 임당피해

稱觀世音菩薩名者 彼所執刀杖 尋段段壞 而得解脫
칭관세음보살명자 피소집도장 심단단괴 이득해탈

若三千大千國土 滿中夜叉羅刹 欲來惱人
약삼천대천국토 만중야차나찰 욕래뇌인

聞其稱觀世音菩薩名者 是諸惡鬼 尙不能以 惡眼視之
문기칭관세음보살명자 시제악귀 상불능이 악안시지

況復加害 設復有人 若有罪 若無罪 杻械枷鎖 檢繫其身
황부가해 설부유인 약유죄 약무죄 추계가쇄 검계기신

稱觀世音菩薩名者 皆悉斷壞 卽得解脫 若三千大千國土
칭관세음보살명자 개실단괴 즉득해탈 약삼천대천국토

滿中怨賊 有一商主 將諸商人 齎持重寶 經過險路 其中一人
만중원적 유일상주 장제상인 재지중보 경과험로 기중일인

作是唱言 諸善男子 勿得恐怖 汝等 應當一心
작시창언 제선남자 물득공포 여등 응당일심

稱觀世音菩薩名號 是菩薩 能以無畏 施於衆生
칭관세음보살명호 시보살 능이무외 시어중생

汝等若稱名者 於此怨賊 當得解脫 衆商人聞 俱發聲言
여등약칭명자 어차원적 당득해탈 중상인문 구발성언

南無觀世音菩薩 稱其名故 卽得解脫 無盡意
나무관세음보살 칭기명고 즉득해탈 무진의

觀世音菩薩摩訶薩 威神之力 巍巍如是 若有衆生 多於婬欲
관세음보살마하살 위신지력 외외여시 약유중생 다어음욕

常念恭敬 觀世音菩薩 便得離欲 若多瞋恚 常念恭敬
상념공경 관세음보살 변득이욕 약다진에 상념공경

觀世音菩薩 便得離瞋 若多愚癡 常念恭敬 觀世音菩薩
관세음보살 변득이진 약다우치 상념공경 관세음보살

便得離癡 無盡意 觀世音菩薩 有如是等 大威神力 多所饒益
변득이치 무진의 관세음보살 유여시등 대위신력 다소요익

是故衆生 常應心念 若有女人 設欲求男 禮拜供養
시고중생 상응심념 약유여인 설욕구남 예배공양

觀世音菩薩 便生福德智慧之男 設欲求女 便生端正有相之女
관세음보살 변생복덕지혜지남 설욕구녀 변생단정유상지녀

宿植德本 衆人愛敬 無盡意 觀世音菩薩 有如是力 若有衆生
숙식덕본 중인애경 무진의 관세음보살 유여시력 약유중생

恭敬禮拜 觀世音菩薩 福不唐捐 是故衆生 皆應受持
공경예배 관세음보살 복불당연 시고중생 개응수지

觀世音菩薩名號 無盡意 若有人 受持
관세음보살명호 무진의 약유인 수지

六十二億恒河沙菩薩名字 復盡形 供養 飮食衣服 臥具醫藥
육십이억항하사보살명자 부진형 공양 음식의복 와구의약

於汝意云何 是善男子 善女人 功德多不 無盡意言 甚多世尊
어여의운하 시선남자 선여인 공덕다부 무진의언 심다세존

佛言 若復有人 受持觀世音菩薩名號 乃至一時禮拜供養
불언 약부유인 수지관세음보살명호 내지일시예배공양

是二人福 正等無異 於百千萬億劫 不可窮盡 無盡意
시이인복 정등무이 어백천만억겁 불가궁진 무진의

受持觀世音菩薩名號 得如 是無量無邊 福德之利
수지관세음보살명호 득여 시무량무변 복덕지리

無盡意菩薩 白佛言 世尊 觀世音菩薩 云何遊此娑婆世界
무진의보살 백불언 세존 관세음보살 운하유차사바세계

云何而爲衆生說法 方便之力 其事云何 佛告無盡意菩薩
운하이위중생설법 방편지력 기사운하 불고무진의보살

善男子 若有國土衆生 應以佛身 得度者 觀世音菩薩
선남자 약유국토중생 응이불신 득도자 관세음보살

卽現佛身 而爲說法 應以辟支佛身 得度者 卽現辟支佛身
즉현불신 이위설법 응이벽지불신 득도자 즉현벽지불신

而爲說法 應以聲聞身 得度者 卽現聲聞身 而爲說法
이위설법 응이성문신 득도자 즉현성문신 이위설법

應以梵王身 得度者 卽現梵王身 而爲說法 應以帝釋身
응이범왕신 득도자 즉현범왕신 이위설법 응이제석신

得度者 卽現帝釋身 而爲說法 應以自 在天身 得度者
득도자 즉현제석신 이위설법 응이자 재천신 득도자

卽現自在天身 而爲說法 應以大自在天身 得度者
즉현자재천신 이위설법 응이대자재천신 득도자

卽現大自在天身 而爲說法 應以天大將軍身 得度者
즉현대자재천신 이위설법 응이천대장군신 득도자

卽現天大將軍身 而爲說法 應以毘沙門身 得度者
즉현천대장군신 이위설법 응이비사문신 득도자

卽現毘沙門身 而爲說法 應以小王身 得度者 卽現小王身
즉현비사문신 이위설법 응이소왕신 득도자 즉현소왕신

而爲說法 應以長者身 得度者 卽現長者身 而爲說法
이위설법 응이장자신 득도자 즉현장자신 이위설법

應以居士身 得度者 卽現居士身 而爲說法 應以宰官身
응이거사신 득도자 즉현거사신 이위설법 응이재관신

得度者 卽現宰官身 而爲說法 應以婆羅門身 得度者
득도자 즉현재관신 이위설법 응이바라문신 득도자

卽現婆羅門身 而爲說法 應以比丘 比丘尼 優婆塞 優婆夷身
즉현바라문신 이위설법 응이비구 비구니 우바새 우바이신

得度者 卽現比丘 比丘尼 優婆塞 優婆夷身 而爲說法 應以
득도자 즉현비구 비구니 우바새 우바이신 이위설법 응이

長者 居士 宰官 婆羅門婦女身 得度者 卽現婦女身 而爲說法
장자 거사 재관 바라문부녀신 득도자 즉현부녀신 이위설법

應以童男童女身 得度者 卽現童男童女身 而爲說法 應以天
응이동남동녀신 득도자 즉현동남동녀신 이위설법 응이천

龍 夜叉 乾闥婆 阿脩羅 迦樓羅 緊那羅 摩睺羅伽
용 야차 건달바 아수라 가루라 긴나라 마후라가

人非人等身 得度者 卽皆現之 而爲說法 應以執金剛神
인비인등신 득도자 즉개현지 이위설법 응이집금강신

得度者 卽現執金剛神 而爲說法 無盡意 是觀世音菩薩
득도자 즉현집금강신 이위설법 무진의 시관세음보살

成就如是功德 以種種形 遊諸國土 度脫衆生 是故汝等
성취여시공덕 이종종형 유제국토 도탈중생 시고여등

應當一心 供養觀世音菩薩 是觀世音菩薩摩訶薩
응당일심 공양관세음보살 시관세음보살마하살

於怖畏急難之中 能施無畏 是故此娑婆世界 皆號之爲
어포외급난지중 능시무외 시고차사바세계 개호지위

施無畏者 無盡意菩薩 白佛言 世尊 我今當供養觀世音菩薩
시무외자 무진의보살 백불언 세존 아금당공양관세음보살

卽解頸 衆寶珠瓔珞 價値百千兩金 而以與之 作是言 仁者
즉해경 중보주영락 가치백천양금 이이여지 작시언 인자

受此法施 珍寶瓔珞 是觀世音菩薩 不肯受之 無盡意
수차법시 진보영락 시관세음보살 불긍수지 무진의

復白觀世音菩薩言 仁者 愍我等故 受此瓔珞 爾時 佛告
부백관세음보살언 인자 민아등고 수차영락 이시 불고

觀世音菩薩 當愍此無盡意菩薩 及四衆 天 龍 夜叉 乾闥婆
관세음보살 당민차무진의보살 급사중 천 용 야차 건달바

阿修羅 迦樓羅 緊那羅 摩睺羅伽 人非人等故 受是瓔珞
아수라 가루라 긴나라 마후라가 인비인등고 수시영락

卽時觀世音菩薩 愍諸四衆 及於天 龍 人非人等 受其瓔珞
즉시관세음보살 민제사중 급어천 용 인비인등 수기영락

分作二分 一分奉釋迦牟尼佛 一分奉多寶佛塔 無盡意
분작이분 일분봉석가모니불 일분봉다보불탑 무진의

觀世音菩薩 有如是自在神力 遊於娑婆世界
관세음보살 유여시자재신력 유어사바세계

爾時 無盡意菩薩 以偈問曰
이시 무진의보살 이게문왈

世尊妙相具 我今重問彼 佛子何因緣 名爲觀世音
세존묘상구 아금중문피 불자하인연 명위관세음

具足妙相尊 偈答無盡意 汝聽觀音行 善應諸方所
구족묘상존 게답무진의 여청관음행 선응제방소

弘誓深如海 歷劫不思議 侍多千億佛 發大淸淨願
홍서심여해 역겁부사의 시다천억불 발대청정원

我爲汝略說 聞名及見身 心念不空過 能滅諸有苦
아위여약설 문명급견신 심념불공과 능멸제유고

假使興害意　推落大火坑　念彼觀音力　火坑變成池
가사흥해의　추락대화갱　염피관음력　화갱변성지

或漂流巨海　龍魚諸鬼難　念彼觀音力　波浪不能沒
혹표류거해　용어제귀난　염피관음력　파랑불능몰

或在須彌峯　爲人所推墮　念彼觀音力　如日虛空住
혹재수미봉　위인소추타　염피관음력　여일허공주

或被惡人逐　墮落金剛山　念彼觀音力　不能損一毛
혹피악인축　타락금강산　염피관음력　불능손일모

或值怨賊繞　各執刀加害　念彼觀音力　咸卽起慈心
혹치원적요　각집도가해　염피관음력　함즉기자심

或遭王難苦　臨刑欲壽終　念彼觀音力　刀尋段段壞
혹조왕난고　임형욕수종　염피관음력　도심단단괴

或囚禁枷鎖　手足被杻械　念彼觀音力　釋然得解脫
혹수금가쇄　수족피뉴계　염피관음력　석연득해탈

呪詛諸毒藥　所欲害身者　念彼觀音力　還著於本人
주저제독약　소욕해신자　염피관음력　환착어본인

或遇惡羅刹　毒龍諸鬼等　念彼觀音力　時悉不敢害
혹우악나찰　독룡제귀등　염피관음력　시실불감해

若惡獸圍遶　利牙爪可怖　念彼觀音力　疾走無邊方
약악수위요　이아조가포　염피관음력　질주무변방

蚖蛇及蝮蠍　氣毒煙火燃　念彼觀音力　尋聲自回去
원사급복갈　기독연화연　염피관음력　심성자회거

雲雷鼓掣電 降雹澍大雨 念彼觀音力 應時得消散
운뢰고체전 강박주대우 염피관음력 응시득소산

衆生被困厄 無量苦逼身 觀音妙智力 能救世間苦
중생피곤액 무량고핍신 관음묘지력 능구세간고

具足神通力 廣修智方便 十方諸國土 無刹不現身
구족신통력 광수지방편 시방제국토 무찰불현신

種種諸惡趣 地獄鬼畜生 生老病死苦 以漸悉令滅
종종제악취 지옥귀축생 생로병사고 이점실령멸

眞觀淸淨觀 廣大智慧觀 悲觀及慈觀 常願常瞻仰
진관청정관 광대지혜관 비관급자관 상원상첨앙

無垢淸淨光 慧日破諸闇 能伏災風火 普明照世間
무구청정광 혜일파제암 능복재풍화 보명조세간

悲體戒雷震 慈意妙大雲 澍甘露法雨 滅除煩惱燄
비체계뢰진 자의묘대운 주감로법우 멸제번뇌염

諍訟經官處 怖畏軍陣中 念彼觀音力 衆怨悉退散
쟁송경관처 포외군진중 염피관음력 중원실퇴산

妙音觀世音 梵音海潮音 勝彼世間音 是故須常念
묘음관세음 범음해조음 승피세간음 시고수상념

念念勿生疑 觀世音淨聖 於苦惱死厄 能爲作依怙
염념물생의 관세음정성 어고뇌사액 능위작의호

具一切功德 慈眼視衆生 福聚海無量 是故應頂禮
구일체공덕 자안시중생 복취해무량 시고응정례

爾時 持地菩薩 卽從座起 前白佛言 世尊 若有衆生 聞是
이시 지지보살 즉종좌기 전백불언 세존 약유중생 문시

觀世音菩薩品 自在之業 普門示現神通力者 當知是人
관세음보살품 자재지업 보문시현신통력자 당지시인

功德不少 佛說是普門品時 衆中八萬四千衆生 皆發無等等
공덕불소 불설시보문품시 중중팔만사천중생 개발무등등

阿耨多羅三藐三菩提心
아뇩다라삼먁삼보리심

| 역자 후기 |

기적의 함정에 빠지지 않은 재치 있는 해설

〈관세음보살보문품〉에 대한 졸저拙著를 한 권 내고 1년이 채 지나기도 전에 이렇게 번역서를 내게 되었다. 내 글을 쓰는 동안에는 다른 이의 저서를 참고하는 정도에서 열어보았지만 일단 한 권의 책을 완성하고 나니 갑자기 정말로 궁금해졌다. 선배제현先輩諸賢들은 《관음경》을 어떻게 읽어나갔을까? 내 관점이 어느 정도 선 가운데 또 다른 시각과 관점을 확인하는 것은 참으로 즐거운 경험이었다.

어떤 저자의 혜안에는 혀를 내둘렀고, 어떤 저자는 너무 멀리 갔다 싶기도 하였으며, 어떤 저자는 판에 박힌 듯한 설명을 늘어놓아 식상해졌다. 그 중에서 단연코 나의 관심을 사로잡은 책은 바로 히로 사치야 선생의 《기적의 관음경》이었다. 이미 나는 두 차례나 역자의 입장에서 이 책의 저자와 만난 적이 있다.

무겁기 짝이 없는 경전들을 재치 넘치고 탄력 있는 필체로 술술 풀어내는 저자의 능력에 나는 그저 탄복할 뿐이다. 하지만 저자가 그저 재미있게만 글을 쓴 것은 아니다. 재미있고 쉽게만 글을 썼다면 이렇게 그의 저서들이 독자들의 꾸준한 사랑을 받을 수가 없다.

저자는 진심으로 《관음경》을 읽었고 솔직하게 읽었다. 고민하면서 읽었고 그리고 자기가 이해한 선에서 그는 글을 썼다. 세상 어느 필자가 이러지 않을까마는 굳이 이렇게 《기적의 관음경》 저자에 대해 이런 글을 쓰는 이유는 딱 하나이다. 〈관세음보살보문품〉 속에는 아주 커다란 함정이 도사리고 있는데 저자는 그 함정에 빠지지 않고 슬기롭게 넘어갔기 때문이다. 그 함정은 다름 아닌 '기적'이다.

기적―이건 정말 어려운 문제이다.

기적은 없는 것일까?

하지만 관세음보살을 열심히 염한 결과 기적이 일어났다는 사람들이 도처에 있다.

그렇다면 기적은 있는 것일까?

누구나에게 공통으로 일어나지 않기 때문에 단정적으로 있다고도 말할 수 없다. 게다가 자기에게 벌어진 불가사의한 그 일을 기적이라고 부를지 말지는 전적으로 그 일을 당한 사람의 몫이기 때문이다.

고백하자면, 나는 기적을 믿지 않는다. 왜냐하면 나는 '기적'이라는 것을 '원인' 없이 홀연히 벌어지는 사건이라고 정의내리기 때문이다. 이 세상 그 어떤 것도 원인 없이 생겨나는 것은 절대로 없다고 굳게 믿고 있는 내게 '기적'은 그 단어 자체가 무의미하다. 하지만 생각을 조금만 바꾸어서, 관세음보살을 부지런히 염하여 어떤 도움을 받은 것을 '기적이 일어났다'고 말한다면, 이때는 말이 달라진다. 왜냐하면 부지런히 염불한 원인이 있기 때문이다. 그래서 예로부터 관음신앙에서는 '기적'이라는 말보다는 '가피加被'라는 말을 더 선호하는지도 모르겠다.

아무튼 예나 지금이나 사는 게 뻑뻑한 사람들은 기적이 일어나기를 바라고 있다. 그들은 절에 다니든 교회를 다니든 무엇을 해서라도 기적을 부르고 있다. 기적은 살아 있는 사람들의 마지막 희망이라고도 하겠다. 아무리 노력을 퍼부어도 되지 않기에 아주 우연하게라도 행운이 찾아왔으면 하는 것이 바로 기적을 바라는 마음이기 때문이다. 그러고 보면 극한 상황에서도 좌절하거나 포기하지 않고 마지막 희망을 바라는 그 마음이 기적인지도 모르겠다. 염불은 바로 그런 희망을 버리지 않는 사람의 마지막 몸부림이요, 관세음보살은 그때 그들의 소원을 들어주신다고 하기 때문이다. 그러니 저자의 말처럼 염불할 수 있는 그 자체가 우리들 유한 중생에게는 크나큰 기적이 아니고 무엇이겠는가.

2009년 1월

이미령

기적의 관음경

초판 1쇄 인쇄 | 2009년 2월 5일
초판 1쇄 발행 | 2009년 2월 10일

지은이 | 히로 사치야
옮긴이 | 이미령

펴낸이 | 박효열
펴낸곳 | 대숲바람

등록번호 | 제101-90-40679

주　소 | 서울시 송파구 잠실동 19번지 엘스아파트 163동 2604호
전　화 | 02) 418-0308
팩　스 | 02) 418-0312
E-mail | dsbaram@naver.com

ISBN 978-89-954305-7-6　03220

값 10,000원

※잘못된 책은 바꾸어 드립니다.